高校辅导员队伍建设
及其在学生工作中的作用发挥

刘　畅　著

西北工業大學出版社

西　安

【内容简介】 本书从当前高校辅导员队伍建设实践出发，对高校辅导员队伍建设的历史进行了回顾，并通过高校辅导员队伍的职责厘定与能力提升、高校辅导员队伍专业化建设及学科支撑、高校辅导员队伍建设机制完善、高校辅导员绩效考核体系及其构建、高校辅导员队伍建设的现实举措以及辅导员在学生工作中的作用发挥等内容的分析，对我国高校辅导员队伍的现代化建设进行了探讨。本书对我国高校辅导员研究以及当前我国高校开展辅导员工作提供了一定的借鉴，对高校在职辅导员提升工作也有一定的参考价值。

图书在版编目（CIP）数据

高校辅导员队伍建设及其在学生工作中的作用发挥 / 刘畅著. —西安:西北工业大学出版社，2018.5（2025.1 重印）
ISBN 978-7-5612-5975-7

Ⅰ. ①高… Ⅱ. ①刘… Ⅲ. ①高等学校一辅导员一工作一研究 Ⅳ. ①G645.1

中国版本图书馆 CIP 数据核字(2018)第 097017 号

GAOXIAO FUDAOYUAN DUIWU JIANSHE JIQI ZAI XUESHENG GONGZUOZHONG DE ZUOYONG FAHUI
高校辅导员队伍建设及其在学生工作中的作用发挥
策划编辑：雷 鹏
责任编辑：查秀婷

出版发行：西北工业大学出版社
通信地址：西安市友谊西路 127 号 **邮编**：710072
电 话：（029）88493844 88491757
网 址：www.nwpup.com
印 刷 者：三河市天功达印刷有限公司
开 本：710 mm×1 000 mm 1/16
印 张：11
字 数：187 千字
版 次：2018 年 5 月第 1 版 2025 年 1 月第 2 次印刷
定 价：45.00 元

前　言

习近平总书记在十九大报告中以较长的篇幅论述了教育和人才培养问题，并对青年提出了殷切的期望。未来五年，我国高等教育将进入高速发展的机遇期，十九大从全局和战略高度，为高校发展指明了方向。在高校建设中，辅导员作为高校学生工作开展的一线人员，关系到学生工作与青年人才的培养的效果，因此我们要以十九大精神为指引，积极推进辅导员队伍建设，为当代大学生成才提供可靠的保障。

高校辅导员队伍作为大学生日常工作的骨干力量，为大学生的健康成长提供了指导，是大学生成才的引路人和知心朋友。在培养社会主义合格建设者和可靠接班人、维护高校和社会稳定、保证高等教育事业持续健康发展的过程中，辅导员是一支不可忽视的力量。当前我国辅导员队员建设已经取得了一定的成果，辅导员队伍的素质不断提升，但由于经济和社会情况的不断变化，辅导员队伍建设必须与时俱进、及时调整。作者本着为我国高校辅导员队伍建设不断完善添砖加瓦的目的，以当前我国辅导员队伍建设的现状为基础，对辅导员队伍的进一步提升进行了研究与探索。

本书共分为七章，主要从高校辅导员队伍建设的历史与现状、高校辅导员队伍的职责厘定与能力提升、高校辅导员队伍专业化建设及其学科支撑、高校辅导员队伍建设的机制完善、高校辅导员绩效考核体系及其构建、高校辅导员队伍建设的现实举措、辅导员在学生工作中的作用发挥等角度对辅导员队伍的进一步完善进行了探讨。

本书在写作过程中，借鉴了很多相关的研究成果及期刊、著作、论文等，在此对有关的学者、作者表示诚挚的感谢。高校辅导员队伍建设道路是一个不断发展完善的过程，因此本书的观点与论述可能会存在疏漏、片面之处，恳请广大读者积极给予指正，以便使本书不断完善。

作者

2018 年 1 月

前言

目　录

第一章　高校辅导员队伍建设的历史与现状

第一节　高校辅导员队伍建设的历史演进

辅导员专业化的建设是我国辅导员队伍发展的目标，我国的辅导员专业化的发展有着很深的历史渊源，下面我们从最开始的政治辅导员说起，一步步的阐述我国辅导员专业化发展与建设的历史脉络。

一、战略指挥型辅导员

我国的辅导员制度最早是从战争时期开始制定和实行的。辅导员制度最早来源于国外，在革命战争时期，进一步得到发展。辅导员工作从一开始就是全面负责学生的生活、学习、思想和等方面工作，他有时候又被叫做指导员。指导员是战争时期复杂的社会环境和国际环境的产物。

我国最早的辅导员应该叫做是政治指导员，它是在第一次国内革命战争时期，国共合作创办黄埔军校后产生的一个具体的对政治工作进行指导的人的称谓。政治指导员最开始的工作是检查学校内部的老师和学生的政治教育的效果，以及老师和学生的思想倾向和对军规校纪的理解程度。政治指导员的工作主要是辅助性的进行思想教育的工作，协助各部队官长与学校完成对士兵和学生的思想动向的管理工作。尽管国民党和共产党的合作以失败告终，但是因为政治辅导员这一制度有其自身独特的优越性，所以，从一开始就被两党军队所接受，并传承到现在。

随着黄埔军校的政治指导员制度的发展，再加上为满足革命战争对军事干部的迫切需求，各地相继开展了政治培训班，培养和提高干部、士兵的思想觉悟和政治意识，开展政治思想教育的最主要的地方就是延安。为什么要设立政治辅导员，一个主要的原因就是要满足革命战争对干部的要求，延安开设的各种培训干部的学校就是强调思想政治领导，“大家过着军事共产主义的生活，学习组织按连队编制，各队都有较强的政治指导员，着重做党的政治工作。”① 延安的陕北公学是一个重点的培养军事干部的学校。抗日战争时期，我们又设立了军政大学政治部颁布了《政治工作暂行条例》，规定政治指导员“必须是最优秀最积极的中国共产党党员，绝对向党负责，坚决执行党的策略路线、决议和号召，保证与巩固党在学员队的领导地位”。② 抗日军政大学设大队、支队和学员队：“大队设政治协理员，支队与学员队设政治指导员③。”抗日时期的军政大学在组织和制度上面设立的指导员制度，强有力地保障了国家和党的领导人对学生政治思想的直接管理。我们可以从上面的分析中看出，最早的政治指导员制度的出现主要是因为革命队伍中的相关规定，除此之外，也相应的受到了苏联体制的影响。这时期出现的有关思想政治教育的大学，是不同于当时的清华大学和西南联合大学的，而且这时期出现的大学为后来清华大学的辅导员制度提供了有利的制度保障。

从政治指导员的历史来源上看，辅导员在最开始的时候时具有浓烈的的政治和军事意识的，它在最初的时候主要是帮助学生进行就学习和生活的管理以及思想政治意识的教育，一开始的时候由于是从革命队伍中产生的饿，具有一定的革命色彩，这个革命色彩在之后较长的一段时间内，一直存在。当然，尽管现在对辅导员的军事指导意识已经逐渐的淡化，但是，我们仍然不能忘却革命时期政治指导员的思想政治教育的培训作用。战略指挥辅导员很好的战争时期对军事人员的需求，在一定的程度上面把广大的学生有力的团结到了一起，也为我国现阶段的辅导员制度的制定和发展提供了有利的历史支撑。

二、意识培养型辅导员

革命胜利以后，我国的各大高校由中国共产党进行管理，从这个时候开始，革命战争时期的政治指导员制度开始大范围的实行开来。也就在这个时候，政治指挥员的工作重点开始向改造学生的思想意识方向转变。从 1950 年到 1952 年的三年间，我国各教育部门相继颁发和制定了一系列的规章制度，加强了辅导员制度规范化和合理化的标准，如图 2－1 所示，至此，辅导员的地位和作用有了一

① 刘星华．对老解放区教育工作的一些体会//人民教育社编——老解放区教育工作经验片段［M］．上海：上海教育出版社，1960，第 8 页

② 中国人民解放军国防大学．中国人民抗日军事政治大学史［M］．北京：国防大学出版社，2000，第 70 页

③ 朱璐．中国特色高校辅导员制度的历史演进与发展思路［D］．河北师范大学硕士学位论文，2011，第 21 页

个清晰的规定。

表 2－1，1950 年－1952 年辅导员制度的发展

时间	部门	文件	内容
1950 年 10 月	中央人民政府教育部	《关于加强对学校政治思想教育的领导》	要求加强对学校教员和学生的思想教育工作
1951 年 11 月	全国工学院院长会议	教育部部长马叙伦作的《全国工学院调整方案的报告》	为了加强全国的政治思想教育的领导，各工学院有准备地试行政治辅导员制度，设立专人担任各级政治辅导员，主持政治学习思想改造工作
1952 年 9 月	中共中央	《关于在高等学校试行政治工作制度的报告》	全国高等学校应有准备地在校内设立政治工作机构，名称可为“政治辅导处”；工作对象为全体教职员工和学生；政治辅导处设主任一人，辅导员若干人；政治辅导员应挑选教师、学生中的优秀党员、团员充任，平均每三百名左右的学生设政治辅导员一人，任务为辅导学生政治学习和社会活动，组织推动教职员的政治理论学习和社会活动，尽可能参加学校党、团支部的领导工作，可兼任政治理论课助教，以便逐渐培养成为学校工作中的骨干和政治理论教员

1952 年的后期，清华大学的教学制度中进一步的提出了主应该建立一套完善的以学生为辅导对象的政治辅导员制度。在那时候，清华大学在学生思想政治教育中的主要教育的路线是想坚持中国共产党作为学校的最高领导者，坚持党对高校领导的根本领导的同时在学校里构建一批能够开展思想政治教育工作队伍，在经过一系列的讨论之后，确定了学生辅导员作为思想政治教育工作的主干力量。学生辅导员制度是把具体的业务工作与思想教育进行联系，这既为学校、社会、国家积累了一批可靠的后备干部，也在一定程度上保证了中国共产党对高校思想政治教育和领导。在 1953，中共中央批准了清华大学设立政治辅导员制度的请示报告，同意清华大学思想政治素质高、学习成绩好、品学兼优的学生团员中

选取一些人经过培训之后，担任政治辅导员。这一制度同样富含治色彩，是历史发展的选择，也是新中国成立后高等学校思想政治教育的成功实践，可以说“既是一种思想政治工作制度，又是一种人才培养的特殊模式”①。从清华大学首次开始了辅导员制度在学生思想政治教育中的作用这个时期，也就表明了普通高等院校首次出现政治辅导员制度。

高校辅导员制度从最开始的军事色彩到逐渐的向制度化、大众化、常规化的发展的重要因素就是新中国成立以后，国家重视了对人才的需求、提高了对社会主义接班人和建设者的思想意识的重视程度。清华大学的辅导员改革制度的成功落实，进一步的确定了高校辅导员的新的工作任务和未来的发展方向，明确辅导员的主要的工作义务就是改造和培养学生形成良好的思想意识，这是辅导员的政治教育工作从军事化体制中脱离出来的开始。在这个时期的辅导员，他们普遍的有着很高的工作热情，一边学习，一边搞教育工作，乐此不疲，而且还把不定期的宣传马列主义和学习毛泽东思想作为他们的职责，通过一切方法组织学生进行政治学习，维护新生政权。开始于清华大学的边学习、边教育的辅导员教育模式因为其独特的优越性至今仍被广泛采用，并为高校辅导员工作向职业化、专家化方向发展埋下伏笔。

三、政治工作型辅导员

1960 年以后，我国的高校辅导员工作在制度和规范上面得到了进一步的完善。大学生是社会主义事业的建设者和接班人，是大学思想政治教育工作的主要对象。1961 年 9 月，中共中央批转了由教育部起草的《中华人民共和国教育部直属高等学校暂行条例（草案）》（简称“高校六十条”）。明确的规定了学校政治辅导员的选聘要求，各个阶段的班级中都要配备辅导员，这些辅导员主要是从校内的党团领导、干部，思想政治教育的教师中选拔出来，并首次提出要配备专职的政治辅导员。1964 年 6 月，中共中央又拟定了将北大和清华作为试点学校，同意在全国范围内进行百名学生配备一名政治干部的决定，这里的政治干部主要是从高校毕业生中选拔，也可以通过校内调剂解决。1965 年，我国的教育部进一步的明确加强了对辅导员工作的规范和制度保障，制定了《高等学校学生班级政治辅导员工作条例（草案）》，明确规定了辅导员的编制、地位和职能。到目前为止，我国的高校政治辅导员有了一定的制度保障，其发展前景良好。然而，

① 丘进，卢黎歌等．机制·创新·长效——高校辅导员队伍建设研究［M］．西安：西安交通大学出版社，2012，第 2 页

一场文化的浩劫使得刚刚起步的辅导员制度遭到了严厉的打击。文化大革命的爆发，致使所有学校教育停止运转，面临危险，学生罢课、商人罢市、高考取消、招生停止、以四人帮为首的极端分子进入校园，致使高校的正常教育教学秩序陷入一片混乱。

这个时期的辅导员制度被“革命”的口号压制，辅导员制度荡然无存，辅导员工作者也受到了严厉的人身伤害。“四人帮”对教育事业的破坏，“严重地损害了学校的思想政治教育，败坏了学校纪律，腐蚀了社会主义社会的革命风气。”[①] 1977年恢复高考制度，为了消除不良的影响，加强思想政治工作，教育部在1978年10月出台《关于讨论和试行全国重点高等学校暂行工作条例（试行草案）的通知》，规定：“在一、二年级设政治辅导员或班主任，从专职的党政干部、政治理论课教师和其他青年教师中挑选有一定政治工作经验的人担任”；同时，政治辅导员既要做思想政治工作，也要坚持业务学习，有条件坚持半脱产，担任部分教学任务。[②] 至此，我国的辅导员制度得到了一定程度的恢复。

由此，高校辅导员制度逐步得到了恢复。

在文化大革命这段时期，尽管有重重的艰难，但是辅导员制度仍在探索中不断前进，为什么这样说呢？一方面是辅导员的人员选聘已经从一些优秀的、具有一定的工作经验的政治教育课程的老师或者是学习好的学生中选出来，进而成为专职的政治辅导员，这即表明我国的教育界开始重视学生的思想政治教育工作，也改变了以往学生的被动受教育的单位，使他们也可以参加到思想政治教育工作中来，另一面，辅导员专职的工作设置，使得高校辅导员的教育工作更加的细化，成为了一种具体的社会职业，具有特定的社会期待。

四、日常事务管理型辅导员

国家的安定和团结，在一定程度上面有利于教育的和谐稳定发展。随着高等教育的告诉发展，高校的辅导员制度也从以前的辅导员主体的单向性向双向性的方向发展，一改以往受辅导的学生主体被动的地位，进行向主动的学习地位过渡。这一改变，使得辅导者与被辅导者都能发挥主观能动性，使双方处在平等的地位上面进行沟通与学习。

日常的事务管理，这要求辅导员不仅仅只是思想政治教育者，同时也是学生

① 邓小平 · 邓小平文选（第二卷）［M］. 北京：人民出版社，1994，第105页

② 教育部思想政治工作司组编. 加强和改进大学生思想政治教育重要文献选编（1978～2008）［M］. 北京：中国人民大学出版社，2008，第4页

的服务者、关心者，这也表明辅导员除具有教育的职责外，又有了更多的职责与使命。1980 年 4 月教育部和共青团下达了通知，内容主要是表明了要用实事求是的眼光来看待政工干部，明确的指出他们既是高校建设的中坚力量，也是党的思想政治工作中坚力量，他们全面培养学生的工作上面承担着重要的责任，同时，也设立了政治辅导员制度，规定了辅导员可以从优秀的毕业生中选聘，提高辅导员的工资待遇，这是首次对辅导员的身份问题进行一个明确的界定。

1981 年 7 月，教育部在《高等学校学生思想政治工作暂行规定（征求意见稿)》中进一步规定："做好学生思想政治工作，需要有一支又红又专、专职与兼职相结合的队伍。要选拔政治觉悟高、作风好，具有一定思想理论水平、政治工作能力的具有大学文化程度的干部、教师和高年级学生从事学生思想政治工作。"第一线的政治辅导员可按照 120：1 的比例配备，同时可从高年级大学生、研究生中选拔少量政治性强、业务和身体较好的党员担任兼职的政治辅导员。此外，对政治辅导员的福利、晋升都有相应规定。①

为了满足大学生的思想政治教育工作的需要，我国的教育部相继批准国内各大高校开设思想政治教育专业，目标是培养具有良好的思想政治水平、一定的思想政治教育教学能力的、全面发展的思想政治工作的专门人才。在同一年中，我国首次开设了政治教育专业的第二学士、学位的大学有清华大学、北京师范学院、大连工学院等。这些举措的实施，都为我国高校培养了一大批具有专业素养的思想政治工作者。

1986 年，为了解决高校中缺少政治教育工作者的问题，政府和国家教育委员会相继发布了一系列的通知和决定，明确的规定了我国的辅导员队伍应该由一批能力超群、知识丰富的专职人员来组成，同时可以适当的融入一些思想政治工作的兼职人员。同时，充分发挥专职人员的作用，使他们成为思想政治教育工作的领导者。加强对思想政治工作者的继续教育，保证他们的创新意识和创新教学能力。同年 12 月，国家对思想政治工作的兼职人员的选聘方法和福利待遇、晋升机制进行了详细说明，充分发挥兼职人员的作用，也为思想政治工作的长期稳定发展打下了坚实的基础。

在这个时期，辅导员的工作制度有了一定的保障。首先，高校辅导员队伍的稳定性得到了有效保障。通过增设思想政治教育专业，培养专门的辅导员人才，

---

① 王昌华等主编．政治辅导员工作概论［M］．哈尔滨：黑龙江人民出版社，1988，第 260—261 页

并明确福利待遇、晋升等问题，让一大批专业辅导员安心投身于学生政治思想建设之中。还有一点就是辅导员工作职能从以往的简单的思想政治教育扩展到大学生的具体生活的管理化。辅导员培养和提高学生思想政治素质的的主要任务，这就要求辅导员与学生间的关紧密联系，增强互动。

五、德育发展型辅导员

随着市场经济的不断发展，我国的高校思想政治工作面临着新挑战，这其中应该包括大学生的就业问题、心理问题、个人问题等。其中重要的一点就是学生不断变化的需求，加大了辅导员对自身的职业素养的要求，为此，国家出台了一系列新举措。

1990 年 1 月，国家教委明确指出对高校的辅导员应该加强对其的专职培。1993 年 2 月，教委又强调将专职教育者与兼职教育者相结合，以精干的专职人员进行教育为主的工作队伍建设模式。同时，还强调了应该对辅导员进行适时的培训并及时解决其待遇问题。1994 年 8 月，中共中央又指出，要提高思想政治教育工作者的整体素质，优化队伍结构，坚定队伍信念，提高队伍的业务精素质。1995 年 11 月，在国家教委颁布的教育大纲中，首次使用了辅导员一词，同时也进一步的明确了辅导员的工作内容，包括学生心理健康和心理素质等多层面，教育大纲也对辅导员的工作内容作了进一步的拓展和延伸。2000 年，教育部又对思想政治队伍的专业与兼职相结合的建设模式进行了明确的说明，要求高校按照 1：130 的比例配备专职辅导员。

从总体上来看，这一时期的辅导员队伍逐渐的从以前的兼职为主，转变成了以专职为主、专兼结合的辅导员队伍配备模式。随着高等教育的规模的不断扩大，我国的辅导员队伍的教育受到了政府、教育部门和学校的高度重视，为了使辅导员的队伍更加的完备，教育部门进行了辅导员政策的优化设计，各大高校通过加强对辅导员的选配、培训、晋升的管理，来进一步的提高了辅导员的整体素质，这些都表明辅导员队伍受到了社会的高度关注，也为辅导员队伍的长期建设和发展工奠定了扎实的基础。

六、树德育人型辅导员

从党提出把建设人才强国的战略作为国家长期发展的战略到党明确指出教育的根本任务是培养社会主义事业的建设者和接班人，这都是国家对新时期人才培养的具体要求。随着经济和社会的快速发展，高校的辅导员队伍建设把立德树人作为其自身长期发展的根本，进一步明确自身的工作和职责。

2005年1月，在国家政策和方针的引导下，教育部又从辅导员的配备制度、、培训制度、政策保障、提高队伍建设的意义等几个方面对辅导员队伍建设提出了详细要求，明确了专职辅导员应按1：200的比例配备；指导辅导员工作向职业化和专家化、专业化的方向发展；为辅导员的进修和培训提供时间和场所，鼓励和支持辅导员进行参加学习、考察以及在职锻炼等活动；进一步明确和加强辅导员队伍的管理；从根本上面做好辅导员的晋升和提拔工作；完善辅导员的奖惩制度。2006年4月，教育部部长首次提出了双重领导和管理的辅导员队伍建设意见，教育部的相关国务委员也又一次明确的提出了要把辅导员队伍建设往职业化发展道路上来推进，鼓励和支持辅导员成为思想政治教育、心理健康教育、职业生涯规划、学生事务管理等方面的专门人才。同年9月，教育部第一次出台了关于辅导员队伍建设的法规性文件，明确指出辅导员的双重身份，既是教师，又是干部，学校教师队伍和管理队伍的重要组成部分。该法规也从辅导员的配备、选聘、培养、考核、管理等方面提出了对辅导员的新要求。

纵观我国不同时期的辅导员队伍，他们都在一定的程度上面承担着树德育人的责任和义务。辅导员队伍建设和发展是经过一系列实践和摸索，逐步建立起以的专业教育、培训以及工作内容符合大学生思想政治教育需求的队伍建设体系。辅导员作为树德育人型的教育专家在大学生的思想政治教育、心理健康管理、职业发展指导等各个方面给学生以教育和指导。树德育人型的辅导员队伍建设在不断的发展中，逐步成为一支政治素养高、教育教学经验丰富、思想作风纯正的高水平、严纪律的教师队伍。他们是高校思想政治教育的核心，时刻把学生的教育作为自己工作的根本，用实际的工作方法、坚持以德服人的工作方式管理和教育学生。

第二节　高校辅导员队伍建设的成就概述

一、辅导员队伍的示范性增强

搭建平台，树立典范，强化激励，充分认可和肯定辅导员取得的成绩，使辅导员个体的成长和社会声望达到统一，实现辅导员的职业发展和自我价值有机结合，不断对高校辅导员进行鼓舞和激励，是有效推进高校辅导员队伍建设的有效途径之一。2014年的十大辅导员年度人物更是得到了习近平总书记和刘延东副总理的亲自接见，这是对辅导员工作的最高褒奖。同年，“全国高校辅导员职业技能大赛”、“全国高校辅导员优秀论文”评选、“全国高校优秀辅导员博客”评选等活动的也相继举办。通过这些活动，在全国范围内树立了一批辅导员先进典型，引导其他辅导员向典型看齐，向典型学习，在很大程度上提升了高校辅导员工作的积极性和主动性，强化了他们的自我认同感、责任感、荣誉感和使命感。高校辅导员工作激励机制的有效实施，以及在全国范围内搭平台、树典范等措施的有效施行，在一定程度上鼓舞了高校辅导员施展才华、展现自我的热情，激发了辅导员工作的积极性和创新性，扩大了辅导员在社会的影响力和号召力，同时也提升了辅导员队伍的社会地位和声望，为高校辅导员队伍的培育和优化创建了良好的社会环境和氛围。

二、辅导员培训体系初步构建

提升高校辅导员综合素质能力，推进高校辅导员工作的有效开展，实现高校辅导员的全面发展，关键是要深化高校辅导员的教育和培训，要建立多层次、多角度、全方位的培训和教育体系，以新理论、新知识、新技能为主要内容，以辅导员的现实需求为出发点，不断开拓辅导员的眼界与思路，提升辅导员综合素质能力，进而促进辅导员队伍的全面发展。教育部印发的《普通高等学校辅导员培训计划》要求，各高校要分批选拔高校优秀辅导员参加进修计划，鼓励高校辅导员攻读思想政治教育专业的硕士和博士学位，提高高校辅导员队伍中硕士和博士学位的比重，优化高校辅导员的队伍结构。《计划》还要求，除了鼓励高校辅导员攻读硕士、博士计划外，各地区，各高校要依据具体情况，有计划、分批次对高校辅导员进行轮训，构建完善的国家，省级，学校三级进修、培训体系，为辅导员队伍的深造开拓了新的渠道，保障了辅导员队伍“三化”建设的顺利实施。2013 年 5 月教育部党组继印发《2006 - 2010 年普通高等学校辅导员培训计划》后，又印发了《普通高等学校辅导员培训规划（2013 - 2017 年）》，要求必须认真贯彻和落实高校立德树人的根本任务，以实现辅导员职业化、专业化和专家化发展为导向，构建完善的辅导员培训体系，进一步提高辅导员的综合能力和整体素质，努力造就一支政治性强、纪律严、作风正、业务精、政治敏锐性高的辅导员队伍。

三、辅导员科研水平得到提升

随着时代的发展新问题、新情况、新挑战的不断涌现，鼓励高校辅导员开展科研活动，强化思想政治教育的理论学习，深入基层参加实践锻炼，是提升高校辅导员的综合能力、推进高校辅导员队伍建设的必然选择。辅导员只有通过加强对自身工作的研究，不断探索和把握工作中的规律性，增强工作的时效性，使自身的理论研究成为自己实际工作的坚实基础，进一步引导辅导员朝着专业化和职业化发展，才能破解辅导员发展中的瓶颈问题。2014 年，教育部印发了《高等学校辅导员职业能力标准（暂行）》，《标准》明确了当前高校辅导员的职业概况、基本要求和职业能力标准，特别是对高校辅导员的工作要求、岗位职责、入岗条件、工作考核、知识储备、成果转化等作出了指导性的要求，各高校根据该《标准》加强辅导员队伍建设，坚持与时俱进，拓展了辅导员实践平台，丰富了高校辅导员的专业知识内涵，提升了高校辅导员的自我认同感和荣誉感，指明了高校辅导员能力培养和素养提升的方向和途径，有效推进了高校辅导员队伍的建设。

第三节 当前高校辅导员队伍建设面临的困境

一、辅导员的学生工作涉及面广

近几年，由于高校在招生方面的不断扩招，造成了入学人数的急剧攀升，随着而来的也就造成了辅导员的工作内容的增多。高等教育的改革和发展也是引起辅导员工作内容增多的一个重要原因。高校辅导员工作内容的增多主要体现在其工作的繁琐和复杂两个方面。学生工作内容宽泛，是指在高等教育大众化和高校内部管理体制改革进程中，高校学生工作内涵、职能不断超出其原有范围，呈现扩展、派生的态势，以及学生工作与学校其他工作交叉、渗透、融合并不断深化、强化的现象。①辅导员的工作主要包括班级日常管理、学生学习管理、社团管理、毕业生的就业指导、学生心理健康教育、宿舍安全管理和建设、经济困难学生的帮扶问题等，凡是关系到学生的所有工作辅导员都要参与。除此之外，辅导员还要做到具体问题具体分析，对于不同的学生，要采取不同的教育方法，进行特别的教育。另外，辅导员还应该做好桥梁纽带的沟通作用，时刻配合任课教师、家长、班主任、学校领导的教育教学工作，不分大事和小事，不论事务的难易，不管任务的轻松与繁重，应该通过一切方法做好对大学生的思想政治教育和学习生活的管理、服务、教育工作。

二、辅导员的专业程度低

从 2004 开始，我国主观教育各个部门相继为辅导员的专业化建设出台了各

① 马援．高校学生工作泛化及对策研究［J］．扬州大学学报（高教研究版），2005，第 44 页

种的政策、开设了平台、规划了不同类型的项目，目的就是给予辅导员队伍的专业化建设更多的鼓励和支持。但是，从目前的高校辅导员队伍建设的执行程度上来看，仍旧没有达成一致的辅导员队伍专业化建设共识，仍旧有些地方出现制度不健全、资金不充足的等状况，这些问题的存在一直是导致全国辅导员队伍建设不能走向专业化的重要因素。我们把高校辅导员工作放在一个具体的职业范畴中来看，其自身存在的专业知识薄弱、理论知识不完善、内涵建设无支撑、专业化建设研究程度不够等的现象，都是造成了对辅导员的工作领域和角色定位的模糊。据有关的高校对辅导员的认可程度的调查显示，有将近一半的人认为高校的辅导员没有地位，有将近40%的人认为辅导员会换工作，仅仅有16.0%的人认为高校的辅导员与其他老师地位相同。从这个调查中可以看出，高校辅导员队伍不仅工资低，而且地位也不高。还有一项对辅导员的工资的调查显示，接近70%的高校辅导员对自己的工资不满意，有将近80%的辅导员说自己没有岗位津贴。在辅导员的岗位津贴的发放方面，虽然国家和政府出台了一些文件给予了大力的支持，但是在实际情况的解决方面仍不能得到有效的解决。辅导员做的是大学生的日常的管理和服务工作，他不可能在科研和教育教学能具体的工作方面与专业的老师相比较，所以，在相应的经济报酬方面也无法与专业教师相提并论。高校教师的工资和待遇通常都是与其自身的学历、职称保持一致的，这就使得辅导员处于显著的劣势中。辅导员在以教育教学和科技创新为主导的学校内的工资和福利待遇的普遍低下使得他们常常处于被动的地位、没有目标、没有进取心。

三、辅导员队伍的巨大变化性

高校辅导员队伍的专业化建设需要有一批高度稳定和谐的辅导员工作队伍做支撑。高校辅导员工作如果想像一份社会职业一样生存和发展就必须有一个稳定的队伍，队伍的稳定是职业生存和发展的前提。当前，我国辅导员队伍的不稳定因素有以下两个方面：

（一）高校辅导员对自己的工作缺少长期的发展规划，得过且过

辅导员队伍的中长期存在的对自身发展和身份定位、对个人职业理想的不充分认识，使得辅导员队伍建设在社会中引发了很多的问题，而且已经在一定的程度上面妨碍了辅导员队伍的稳定和国家整体教育的发展。我国的教育部门在保障辅导员队伍的建设方面，出台了一系列的政策，各地的高校根据国家的政策方针，采取了积极的具有建设性的措施，既明确了辅导员的职业定位也为辅导员的职业发展指明了方向，但是由于各项方针和政策的难以落实，长期的计划与实际教育培训操作不配套，导致辅导员在辅导员工作方向上面目标感。具有关调查显

示，有接近50%的辅导员对自己未来的辅导员工作方向感到无措和迷茫，甚至有超过一半的人说自己不愿意长期从事辅导员工作。有调查显示，对于从事大学生思想政治教育工作，39%认为是“走错了路”；64%认为不被理解、社会地位低下、没有前途；还有少部分人认为仅是谋生的手段。① 辅导员对自己的工作岗位没有认同感，主要是因为在高校教师的聘任和更换期间，使得辅导员的流动性频繁，这就造成了辅导员对自己前途的迷茫，在工作中找不到方向和目标，也无法从工作中体会到自我实现价值的满足感，更看不到今后自己的从业方向和努力目标。

（二）高校辅导员的职位人员过度的更换

根据我国的相关调查显示，长期从事辅导员的工作的，有经验的、年轻的辅导员已经越来越少了。据2008 年教育部的调查显示，从事辅导员工作年限长的辅导员已经越来越少了，很多都是很短暂的从事该工作，这样的辅导员队伍，很大程度上面不利于辅导员长期稳定的、系统的、连续的开展工作，更加的降低了辅导员工作的成效，不利于辅导员队伍的经验积累，更加限制了辅导员队伍的专业化建设。辅导员的工作需要根据不断发展变化的社会环境来有方向性地研究和解决现实的具体问题，同时也要对大学生生活和学习中出现的各种各样的问题和行为进行解决，帮助和引导大学生形成正确的世界观、人生观和价值观。为了满足大学生身心发展的需要，辅导员应该通过长期文化知识素养的积淀和具体工作实践经验的积累方面帮助和满足大学生对自身高尚道德情操的培养、丰富科学文化知识的积累、良好心理素质的提高。

四、高校辅导员结构不稳定

我国高校辅导员队伍的不合理状态，严重影响了辅导员工作的有效开展。结辅导员的从业年限、学历和职务、年龄是的辅导员结构的基本构成。辅导员队伍的结构涉及到大学生的教育、管理和服务职责的履行。不合理的辅导员队伍结构将不利于辅导员工作的开展。

（一）辅导员队伍不合理的年龄构成

从我国当前的辅导员的组成上来看，高校辅导员队伍呈现出年轻化的发展趋势，其中27～35岁这个年龄阶段的辅导员是整个队伍中的中坚力量。据2011 年柏杨对全国31 个省（市）50 余所高等学校1058 位高校辅导员进行的问卷调查

① 屈家安，等．高校辅导员队伍建设现状、成因及对策［J］．高教高职研究，2008，第11页

显示：男性占 47.23%，女性占 52.77%；30 岁及以下占 50.92%，31～40 岁占 40.22%，41～50 岁占 7.13%.50 岁及以上占 1.72%①。辅导员年轻化的一个重要的优势就是辅导员思想上和心理上与学生打成一片，更容易理解学生的想法和行为，而且年轻的辅导员思想教活跃、精力更充沛，有朝气和活力更容易适应和接受大量的工作。在学习和理解新知识的时候，年轻的辅导员更容易接受和认可。在思想政治教育的过程中，高校辅导员既是大学生的学习帮手，又是大学生的生活指导者。但是，从一些然调查中发现，很多年轻的辅导员，在对大学生进行管理和服务的时候，往往缺少阅历和和工作经验，只有理论知识，没有实际经验的讲述，在对大学生进行问题的讲解的时候，难以将理论与实际相结合为学生释疑解难。

（二）高校辅导员队伍的学历、职称与职务普遍较低

学生对于辅导员的学历、职称、职务是非常的看重的。高校辅导员队伍的学历构成就是学历结构。辅导员在这三个方面较高，就会得到学生更多的认同和追随。据 2006 年年底的调查，辅导员学历构成中大专学历的人数占 9%，博士学历占 2%，本科学历占 62%，研究生学历占 27%。

职称结构是指高校辅导员队伍的职称构成。据柏杨的调查显示：辅导员队伍的行政事务中，副科级以下占 64.10%，正科占 29.91%，副处占 7.64%，正处占 0.47%。从高校辅导员队伍专业技术职务方面来看，初级及以下占 43.05%，中级占 50.68%，副高占 5.66%，正高占 0.62%。从专业技术职称来看，初级占 68%，中级占 23%，副高级占 8%；从高校辅导员的职务上面来看，正科级占 10.2%，副科级以下占 83.2%。通过分析，高校辅导员在职称、职务方面，正科及以下和中级及以下分别累计为 92.01% 和 93.73%，整个队伍高层次的职称、职务比例相对较低。通过对 2009 年全国普通高等学校（机构）教职工情况中的专任教师职称情况的分析中看出，普通高等学校专任教师中初级及以下的比重为 24.61%，中级为 36.87%，副高级为 27·85%，正高级为 10.67%。由此可见，高校辅导员队伍的专业技术职务在对应层次上明显低于专任教师，特别是副高级及以上差距十分明显，累计相差超过 30%②.

① 柏杨. 高校辅导员队伍发展的现实问题及对策研究［J］. 学校党建与思想教育，2012，第 86 页

② 柏杨. 高校辅导员队伍发展的现实问题及对策研究［J］. 学校党建与思想教育，2012，第 86 页

五、高校辅导员队伍的专业素养较低

高校的辅导员是一个综合型的符复合人才。高校的辅导员的工作与很多学科有关系，这其中涉及到教育学、行为学、管理学、社会学、心理学等学科的知识。除此之外，还有一些有大学生的日常生活的管理、心理健康问题的教育、毕业呢就业的服务、个性和爱好的发展与设计等一系列的与大学生的学习和生活相关的工作，辅导员只有做好各个方面的工作才能成为一名专业化素质的辅导员。但是，从调查的结果中显示，我国的大部分学校的辅导员远远不能达到这一要求。据赵庆典等的调查显示：具有哲学社会科学（含思想政治教育）学科专业的占被调查人数的9.6%，具有教育学、心理学和社会学学科专业的占3.8%，这两类学科专业与辅导员相关专业要求贴近，但是两者相加只有13.4%，相对较少。① 从柏杨的调查显示中也可以看出，高校辅导员中有很多人都是来自不同的学科的，其中有占45.77%的辅导员有艺术、哲学、经济和历史学科的的专业背景，还有30%的辅导员具有农医军的专业背景。据马建青、朱美燕对我国高校的博士生在职攻读思想政治教育专业辅导员的调研结果显示，以硕士背景为思想政治教育专业的为38.5%，以本科背景为思想政治教育专业的为25.4%。

行动是理论的践行，辅导员只有不断的提高自身的知识水平、教育教学能力和科研工作能力，才能开展有力地思想政治教育指导工作。作为高校的辅导员，一定要提高自己的对学生教育工作和学生管理工作的理论性、创新性的研究。据有关调查统计：在所调查的辅导员中，有将近一半的辅导员没有开展或者参加过任何级别和任何内容的课题研究，有41.57%的辅导员在学校内部开展过一些简单的课题研究，只有不足10%的人参加过国家级的社科基金项目，从这项调查中，我们可以看出高校辅导员队伍的科研能力弱，进行高层次和高水平的科研项目的比例低。

在有关学术论文的发表方面，辅导员发表的数量少且质量低。据有关的调查显示，辅导员在普通的期刊上面能够发表论文的占51.78%；在一般的核心型的期刊上面发表学术论文的占28.91%；在学科级的期刊发表论文的仅占1 0.31%；有将近一半的辅导员没有发表过任何的学术论文。

六、高校辅导员中培训工作欠缺

对辅导员进行专业的培训是提升辅导员队伍专业化水平的一个重要方法，但

① 赵庆典．努力建立大学生思想政治教育的组织保证和长效机制——高校辅导员、班主任队伍建设情况调研报告［J］．国家教育行政学院学报，2006，第77—78页

是纵观我国当前的辅导员培训机制其中存在着一些问题。在实际的培训思想上面，辅导员的培训内部没有针对性的开张创新观念、意识、能力、知识的培养，培训力度不够；在物质资源的配备上面，缺少资金的支持。由于很多时候，辅导员对自己知识的提高，只能通过自我学习的方法来提高自己的知识和技能，自我培训最终又造成了培训的理念不清、方法单一、体制不健全、时间短等状况。辅导员进行自我培训的时候，往往只重视对思想政治理论知识的培养、心理问题咨询和解决方法的培养、教育教学管理技能的培养，而忽视了对当前国家政治经济方针政策、网络知识与技能、社会主义的基本理论的培训。从对各类高校的辅导员的培训中可以看出，在网络知识与技能方面的培训是最少的。网络知识和技能是很多辅导员够基本能够正常的掌握和知道的，但是对社会主义的基本理论知识的培训则是应该受到极大的重视的。而这说明各类高校对马克思主义理论的培训重视不够。从培训的方式上面来看，很多高校喜欢采用专家学者授课的方式，不擅长使用现代科技手段，比如案例分析、团队训练和模拟实习等。从辅导员的培训时间看，辅导员平均接受业务培训时问为 43. 5 小时。辅导员培训时间在 40 小时（5 个工作日）以下的人数比例为 49. 3%，超过 120 小时的人数比例仅为 5. 1%①。

从上面的分析中来看，我国高校辅导员队伍的专业化受到很过因素的制约和影响，这其中包括国家、高校和辅导员自身。首先，我国的辅导员队伍发展不平衡，自身素质低，专业化的程度、职业认同感和社会荣誉感较低。其次，从制度层面来说，辅导员队伍的专业化发展没有相应的制度做保障，有关辅导员的相关制度和政策因为管理层和学校所处的发展阶段的影响，使得制度和政策不能有效的落实，辅导员队伍专业化的制度建设任重道远，其完善还需要一个过程。政策和制度的制定只是一个开始，其最终的贯彻和落实仍需要社会各界的认同和支持。高校的辅导员队伍的专业化建设和发展的过程需要政策和制度的保障，同时也需要社会各界的广泛参与与支持。

第四节　国外高校辅导员队伍建设的经验借鉴

美国和英国是最早的开始学生事务管理制度和建设的国家，这两个国家的学

① 彭庆红，等．高校辅导员培训工作调查与思考［J］．思想教育研究．2007 第 42—44 页

生事务管理有着深厚的历史基础，由于发展较早，各项制度也较完备，对于我国未来的辅导员队伍的发展有着很强的借鉴意义，下面我们就从美国和英国的学生事务管理工作中，进行具体的说明。

一、美国高校学生事务管理工作发展的历史考察

我国的高校辅导员制度与美国的学生事务管理具有一定的一致性。美国的学生事务管理经理了几百年的探索和发展，逐步形成了一个完整的体系，如图2-1美国高校学生事务主要专业组织及成立时间。美国在高等教育教学的管理上面有着丰富的经验。

如图2-1，美国高校学生事务主要专业组织及成立时间

一些主要专业组织名称	组织缩写	成立年份
美国大学注册和招生管理者协会 American Association of Collegiate Registrars and Admissions Officers	AACRA0	1910
全美职业发展协会 The National Career Development Association	NCDA	1913
美国高校健康教育协会 American College Health Association	ACHA	1920
全美学生人事管理者协会 National Association of Student Personnel Administrat0 “	NASPA	1919
美国大学人事工作者协会 American College Personnel Association	ACPA	1924
全美大学招生咨询协会 National Association for College Admission Counseling	NACAC	1937
国际教育家协会 Association of International Educators	NAFSA	1948
美国学生事务专业人员协会 National Association of Student Affairs Professionals	NASAP	1954
全美学生财政资助管理者协会 National Association of Student Financial Aid Administrators	NASFAA	1968
美国心理协会 American Psychological Association	APA	1892
美国咨询协会 American Counseling Association	ACA	1952
美国高校咨询协会 American College Counseling Association	ACCA	
大学荣誉团体协会 Association of College honor societies	ACHS	1925
全美大学饮食服务协会 National Association of College and University Food Servies	NACUFS	1958

全美高校与雇主联合会 National Association of Colleges and Employers	NACE	1924
美国校内娱乐运动协会 National Intramural and Recreational Sports Association	NIRSA	1950
大学住宿高级职员国际协会 Association of College and University Housing Officers international	ACUHO I	1952
全美校园活动协会 National Association for Campus Activities	NACA	1968
美国入学教育指导者协会 National Orientation Directors Association	NODA	1976
高等教育与残疾人协会 Association on Higher Education and Disability	AHEAD	1977
全美学术咨询协会 National Academic Advising Association	NACADA	1979
大学信息及来访者服务协会 Collegiate Information and Visitor Services Association	CIVSA	1925
全美走读学生信息交换中心 National Clearing house for Commuter Programs	NCCP	
美国领导能力项目信息交换中心 National Clearinghouse for Leadership Programs	NCLP	1990
兄弟会指导教师协会 Association of Fraternity Advisors	AFA	1976
美国高等教育男女同性恋、双性恋以及变性者指导者联合会 National Consortium of Directors of Lesbian, Gay, Bisexual, and Transgender Resources in Higher Education	Consortium	1994
大学生酗酒吸毒问题应对网络 The Network: Addressing Collegiate Alcohol and Other Drug Issues	The Network	1987
高校学生事务南方协会 Southern Association for College Student Affairs	SACSA	1988

（一）高校进行学生的事务管理的基本内容

学生工作在美国被称作是学生事务管理。高校的学生事务涉及到是一系列与学生相关生活和学习相关的内容，它的内容包含的面广，比如说生活上的帮助、课外活动地指导、身体和心理健康教育、就业指导、校园规章制度的遵守等。1998 年，在法国巴黎召开世界高等教育大会，把对学生的教育教学的管理与服务作为会议的核心，这对推动高校学生事务的发展，稳固其应有的地位具有重要的意义。高校学生事务管理的服务型管理是当前世界高校学生事务工作的重要发展方向，事务管理的最终目的是服务于人才培养，促进其全面发展，因此，必须加强对教学科研和服务的有效整合。

高校的学生事务管理只要包括两个方面的管理，一是对学生的管理，即对学生群体的管理，这里的管理具体是对学生与学生之间、学生与老师之间、学生与校外人员之间的管理；二是对事务的管理，即对学生日常的生活和学习的管理，关注的是事务和学生的匹配。但是，在我国的辅导员的长期发展中，没有很好的厘清这两种关系。

（二）美国学生事务管理专业化发展

美国的高等教育发展历史悠久，其从业人员都具有较高的社会地位，而且在制度层面的的学生事务工作理论和职能相对完善，直接导致了从业人员适应专业化发展的要求。高等教育的规模在“二战”后的迅速扩大，这进一步推动了高等教育由精英型向大众化过渡。美国在《学生人事工作宣言》中，两次明确了事务管理工作在徐学生的高等教育中的地位以及作用，同时也为学生事务管理确立制度规约。1960 年以后，美国提出了学生发展理论，这仅加速了工作人员由专业性向学术职业的方向转变，而且从进一步促进了学生事务管理的专业化发展。

1. 美国高校学生事务管理工作制度的变迁

美国的哈佛学院是美国高校学生事务管理工作专业化的形成起源。美国的哈佛学院在学生事务管理的方面经历五个模式和三个阶段，五个模式包括替代父母制、学生人事工作、学生管理服务、学生发展和学习发展理论等模式：三阶段的第一个阶段是殖民地时期到二战时期，这个时期美国的高校学生事务受道两种社会思想的影响，其中第一个就是受德国大学的影响，有关教育学家提出高校的教员的职能应该从教学型向教学和研究型方向转变，这就催生了美国学生事务管理从教学和学术事务中分离。由于这一职能的转变，哈佛大学设立专职负责纪律管理的院长，随后又成立新生顾问委员会，设立了学生事务主任，专门负责学生事务。第二个是《莫里尔法案》的颁布，它促进了学生事务管理的专业化发展。随后，斯坦福大学成立个人训练和指导特别委员会，进一步强调对学生服务。在这一时期，担任高校学生的事务管理的人员一般都是要求受过一定培训的人担任，这是美国高校的学生事务管理向专业化建设发展的开始。第二阶段是指二战到 1960 年。这个时期的美国学生事务管理把学生当作教育的主要目标，适应大众化的教育需求的特点，以为学生服务当作工作的中心，与之相适应的是，高校成立了专门的事务机构并配置学生事务专职人员，学生的事务工作与学术事务领域的分离表示学生的事务性管理迈出了向专业化发展的步伐。第三个阶段是1970以后。在这个时期，人们已经渐渐的明白了学生的事务管理是学校教育的重要组成部分，而学生的事务管理者也是学校培养人才的主要动力之一。学生的发展理论进一步推动美国高校学生事务管理与学术事务的相结合。这一理论提出之后，美国提出了明日高等教育工程，后来，又发表了《学生学习的当务之急——州学生事务的含义》，1997 年该学会和美国国家学生人事管理协会共同发表《优质学生事务实践的主要原则》，2002 年美国学院与大学联合会发表了《强烈的期待：一种定位国家民族的大学学习新愿景》。2004 年美国的国家学生人事管理协会和美国大学人事协会发表了一篇重新认识了学术和学生事务之间的关系，强调学生事务的专业人员要与其他学术事务人员应建立合作伙伴关系的报告，这份报告的名字是《学习的重新考虑：一种聚集于学生经历与体验的全校同教育》。这个报告的提出进一步的明确了大学校园中所有的教育者都应该具有管理学生学习和全面发展的责任。这些研究和科研的成果标志着美国的高校学生事务管理工作向学术化的转变，表明了学生事务专业人员的工作也是教育和培养人的工作，他们也是高等教育的教育者。

2. 美国学生事务管理的专业化特点

美国高校学生事务管理成为专业化的发展开始于二战，高等教育从精英型向大众化的转变表明了美国学生事务管理工作专业化的开始，具体的表现是加大了对从业人员的专业化的道德规范、专业化的教育教学要求、专业化的制度和理论的建立以及专业化协会的成立和专业期刊的创建、学生事务管理者专业地位的确立等。学生事务管理工作在当时是充满竞争力的工作，正是由于很多专业人员对学生管理工作的研究和创新，进一步明确了把学生的事务管理工作可以往社会职业的方向发展。

首先，确立了学科内容和选拔标准。美国对于从业人员的专业提出了要具备相应学历和学科背景的要求，这一点是比中国大学的辅导员建设先进，但是美国的学生事务管理者也是由专兼职人员构成。美国的学生事务管理工作涉及很多学科，主要内容包括管理类的课程、教育学课程、社会学和心理学课程、职业规划课程等。美国的学生事务管理者中的高级管理者应该具有硕士或者博士学历，普通的管理者也应该具有心理学、管理学、行政学的本科学历，而且具有丰富的的知识、良好的专业技能。比如说哥伦比亚大学，在学科开设的高等人才的培养中有将近 10% 的课程都是有关高校学生事务管理的。

任何事物的发展都需要制度的保障，同样，美国高校学生事务专业化的发展也需要有制度的规约。美国为什么要把高校学生事务管理作为专业学科来建设？这其中的两个重要原因是，一是为了满足高校学生事务管理者职业发展的需求，二是为了保证从事高校学生事务管理人员来源的纯正性。在美国的每一个州都开设有《后少年期心理》、《集体发展》、《学生人事管理教程》、《大学生集体活动》、《学生宿舍大厅管理》等课程，而且也在美国的每个州至少有一所大学开办高等教育行政专业或相关专业。除此之外，美国的高校还为从事高校学生事务管理人员提供职后培训，这里主要包括设立学生事务管理方向的硕士和博士或者开设相关学科，为学生事务管理的工作研究提供帮助等。

2003 年，美国又重新修订了《学生事务管理专业硕士准备项目标准和指南》，明确了学生事务管理人员必须参加两年的大学课程的学习，在学习的课程中应该包括基础课程、专业课程、实习课程，培训课程，其中基础课程包括基本的社会道德和文化、学生事务发展的历史渊源等，专业课程包括等学生事务管理的基础知识和理论，实习课程涉及到参加到具体的工作中去，在项目中从中领悟专业项目规划、实施与评估，知道和理解管理的功能和价值，了解培训、咨询和督导的流程。而且辅导员必须在学校取得 42 – 48 个学分的课程学习和实践，并达到熟练的程度才能获得硕士学位。

其次，专业协会和核心期刊的创立

为了进一步加速学生事务管理的专业化建设，美国各高校中的专业协会应运而生，他们主要由各种专业团体和专业人员组成。专业协会的性质有地方性和全国性两种。但是，不管是哪一种性质的协会，都有明确的会员职责和制度规章，目的就是保证参与者之间可以进行相互的的交流工作、分享经验和研究与解决问题，最终达到在自身事物管理方面的知识、能力、思想、科研等方面的自我完善和自我发展。其中具有代表性的协会是美国学生事务专业协会、美国大学人事协会和全美学生人事管理者协会。美国在 1994 年撰写的《学生的学习是当务之急：学生事务的含义》报告促进了美国学生发展理念的形成，推动了专业化学生事务管理的新发展，进一步主张了学生事务管理中对应该关注学生的学习和发展，促进了学术事务和学生事务的融合。

美国学生事务管理专业化的建设与发展离不开专业核心期刊的推进的。相关学生事务的专业期刊有如《高等院校学生人事杂志》、《全国学生人事管理者协会会刊》等。专业核心期刊为学生事务管理者了解政策的走向和专业知识、技能方面的前沿信息，了解专业发展的最新动态和倾听专业发展的权威的声音提供来了一个场地。通过核心期刊，学生事务管理者可以认真对比思考自己的知识和能力，提高解决问题的途径，不断提升自己的专业化教育与管理的水平。

最后，职业道德标准化和职业培训科学化

不管是学生事务管理者还是学生事务工作本身，只有在具体的工作中有一定的标准和规则来遵守，才能形成一定的学生事务管理道德原则化和职业道德标准化。美国高校学生事务管理专业化建设的标志之一就是职业培训的专业化和道德标准化。随着专业化进程的不断推进，美国高校学生事务管理主要是通过制定学生事务管理的职业道德来进一步规范工作者的管理和服务行为，学生事务管理职业的道德标准规范化发展的重要原因就是专业化建设的要求。学生的具体工作管理与构建专业化标准是相辅相成，共同发展的。

l986 年和 1988 年，美国的学生事务协设立了学生事务工作者的行为、思想、道德规范，后来又通过一系列的整合，使道德规范成为了一个涉及面广的职业标准，主要包括，一、在学生的具体生活和学习的管理中，应该在了解学生的基础上，加强与学生家长和校外人士的沟通与交流，以时刻关注学生的生活、学习和发展为重心，促进学生的全面发展，从自身内部职业生涯中来提升自己的认知能力和职业道德、发展自我、营造育人氛围。二、保证学生事务管理者具有满足学生管理的要求，具备有学生管理工作能力的知识、技能和心理，成为一名合格的促进服务对象发展的教育者、管理者、服务者、咨询者和研究者。三、对学校和社会负责，尊重契约精神，合理利用有限资源，进行最大效益化的配置和管理，既对服务的对象负责，又对学校和为社会培养合格人才负责。

因为从业人员会的心智、思想、认识、判断的能力会随着环境、从业年龄和从业结构的变化而变化，而且随着从业时间的递增，对于学生事务管理从业人员的学历和学位要求也在不断加深，原有的知识也会因为社会发展的经济、政治和文化的不断变迁而变得贫乏。所以，对学生事务管理者进行两年制的专业素养的培养和锻炼，让他们在全日制的学校中更进一步的培训、学习，能够很好的保证其工作的发展性和先进性，满足学生培养和教育的需求。美国高校从事学生事务管理和服务的人员，既应该接受一定的专业培训，还应该获得从业证书。

（三）美国学生事务管理工作队伍建设的特点

1. 学生事务管理者队伍的多样化构成

二战以后，由于大批的退伍军人开始走向高等学校接受高等教育的推动，使得这一时期的美国的高等教育的迅猛发展，而美国高校学生事务的专业化管理和建设的提出和发展也正是在这一个时期开始兴起的。高校出现了学生事务管理队伍从一方面上来说可以帮助专家和教授从繁忙的学生事务中解脱出来，专门从事学术事务。学生事务管理队伍的建设实行人岗匹配的原则，根据从业人员的学历要求、专业性和学术性的不同，设有初、中、高级之分，根据级别，学生事务管理相应要求也随之增高．人员结构渐趋多样化。

2. 学生事务管理者的科学化培训

美国高校学生事务管理人在上岗前都要需参加一个时间段的学习和培训取得一定的学分和职业资格证后，才可以参加工作。美国高校的学生工作管理者根据不同的工作内容应该参与到不同的培训机构中进行正规、系统的培训。在工作过程中，培训机构会为学习者提供平台，对不同阶段的人员，按照不同的标准开展线上和线下的培训和交流，按照专业的管理和培训标准逐步实现学生事务管理人员从基础和高级的陪样，这个培训过程应该是有针对性的、循序渐进，只有这样才能真正实现专业化建设。除此之外，还应该更强调专家讲座、校内培训、主题培训、业内人员讨论、指定资料阅读等。

3. 学生事务管理者专业化职责的形成

学生事务管理的内容出现了不断增加的趋势，在加上管理和服务内容的多样化，服务对象不同化，服务人群的多层次性等因素决定了学生管理人员必须拥有扎实的专业知识和技能。只有学生工作管理者自身知识和技能完备，才能为学生提供专业化的指导和服务。“在多种组织结构的背景下，学生事务服务的管理人员需要有管理多种组织的能力与方式。这种管理能力包括劝说和谈判的能力；政治鼓动、诱导和建立团队的技巧；边界管理和取代技巧；财政和其他资源管理能力；人力资源管理技能：时间管理和组织技能；决策和风险管理技能。”①

具体上来说就是应该各司其职，不同类型的学生事务事管理者其自身应该有与其工作相匹配的知识和能力。如负责就业指导服务的老师，根据其在工作过程中的任务安排不同，专业知识就不同，如负责心理健康教育和管理的学生事务管理人员，应该有心理学或者是教育学的相关知识和经验。如负责就业指导服务工作的人员，必须具有收集、整体、综合、反馈、解读信息的能力。如负责学生政策法律安全教育的学生事务管理人员，应该具有法律知识和必计算机操作能力。美国高校学生事务管理机构希望个人发挥自己的优势、特长、爱好，朝着自己确定的方向发展，在选拔人员时也会考虑从业人员的综合素质能力、特长爱好、个

① David Warner&David Palfreyman. Higher Education Management：the Key Elements. England：Open University Press，1996，第172页

人想法以及对问题解决的应变能力。

4. 学生事务管理者培训考核规范化的构建

美国高校对学生事务管理者进行考核，目的就是为了促进工作者更好的开展工作，鼓励和支持优秀的管理者、激励鞭策后来者。对学生事务管理者的考核是科学合理地设置考核标准的关键。从美国高校学生事务管理发展的五种模式三个阶段来看，应该对高校学生事务管理者进行多层次、全方位、立体化的考核。学生事务管理者专业化的发展和建设需要整个发展过程中规范化的管理。如美国在不同阶段发布的宣言和规范，都明确了高校学生事务管理者的工作任务与其自身对社会的重要影响，其中有代表性的文件是《学生人事宣言》、《学生事务观》、《美国高等学校学生事务管理人员行为规范》等，他们对形成稳定的学生事务管理制度产生了深远的影响。美国高校学生事务管理工作从行业协会、专业协会到各高校自身，都在促进和保障从业人员的专业化建设和发展方面制定了许多规范性的文件来，这为后期指导学生事务工作提供了有利的文字指导。

美国高校学生事务管理具有一定的历史基础，美国的学生工作人员的选聘、培训、管理标准和方式都是有一定的借鉴意义的，都值得我们学习和效仿。尤其美国高校对于博士培养的要求、对心理辅导工作者的资格和学历要求、对从业人员的导师制都是值得我们未来在辅导员的专业化建设工作中学习和借鉴的。

二、英国高校学生事务工作的发展历史

（一）英国导师制的发展

英国最早的导师制是从牛津大学里面演变而来的、导师制是指本科生的老师对学生的生活、学习、心理进行的教育与管理，他们一般是从校园中有一定的资历和经验的老师中选择出来的。

英国导师制在人才教育和培养中确实发挥了重要作用，导师制是英国高等教育的一大亮点，导师制在英国高校的盛行，主要是因为两所大学的推崇。本科生导师制最早是在牛津大学创建的，后来借鉴了牛津大学的经验，剑桥大学也很快采用本科生导师制。经过几百年的发展，美国和世界各地也开始得到推广和应用。牛津大学的导师制度是非常完备的，在校学生中先后近 50 人获得诺贝尔奖，有 30 多位英国首相。牛津大学的校长柯以导师制自豪，他曾宣称：“如果牛津有任何产品，由于特别原因而值得骄傲——在一代又一代学子的生命和性格中打上烙印并激起其他国家直言不讳的羡慕——那就是几乎在无意识中神奇生长发展起来的个人导师制。”

英国的导师制有着其独特的历史意义，它是与英国士绅文化相联系的，是社

会发展的反映和其自身的内在要求，它是有一定的历史渊源的。可以说，英国士绅文化是导师制的精神源头。就本质而言，英国的导师制非常符合英国上下阶层的的精神和崇拜，是英国的是一种特殊的人才培养方式。但是随着经济的高速发展，资金的匮乏、高等教育的普及化发展，导师制同样面临发展问题。这些问题有导师地位降低、个人指导时间缩减、指导内容变窄、功能逐渐畸变等。尽管如此，我们仍不能忽视英国导师制的历史意义和现实作用，纵观现在的导师制，它仍以新的形态发挥着教育和教学功能与作用，为社会的整体发展发挥着不可替代的作用。

（二）英国“导师制”的理念

英国导师作为传授知识道理、讲授伦理道德、解疑答惑的老师，它们在学生的成长和发展过程中扮演着重要的角色，导师是学生的引路人，对学生具有全方位的指导和教育的功能。导师为了使他们能培养独立人格、顺利完成学业、养成良好的人生习惯，可以通过与学生进行思想交流来解决他们面临的困难和问题。

师生的关系本质上是人与人的关系——师生人格独立，互相尊重。一位优秀的导师必须具备良好的人文素养，富有同理心，理解和帮助学生，充分认识到与学生的接触、交流过程的重要性。从内心深处热爱学生工作，热心帮助学生，为学生的成长和发展献言献策。西方的认为主义的精神强调的就是自由、平等、理性。英国的导师制就很好的体现了人文主义的精神，强调教师成为能够为学生提供正确引导的知心朋友。学生也要在尊重老师和保持独立人格的前提下，对导师提出质疑和批判。以牛津大学为例，导师与学生间保持良好的互动是非常重要的教育途径，旨在培养学生的科学态度和独立精神。这一互动理念对学生的发展起着非常重要的潜移默化的作用。①

（三）英国导师的职责

英国的导师的工作内容很广，主要包括为学生提供力所能及的帮助和服务，具体来说应该涉及到两个方面：一是学习和教育的指导，二是未来发展的指导。

导师工作的最基础的内容是对学习和教育的指导。英国的导师工作包含学生在校学习的一切内容，有在校的学业、学习方面的指导，也有具体的生活上面的指导。下面，我们首先说导师对学生教育教学的指导。具体有为学生提出学习建议：这里包括计划、时间、方法、考试、写作等方面的指导与建议。作为大学的导师，他们是受过大学阶段的专业和系统的培训的，接受了优良的教育，有一定

① 刘保存．牛津大学办学理念探析［J］．比较教育研究，2004，第20页

的知识和素养，他们对各种问题有着丰富的经验积累，学生的导师应该从这些方面位学生提供帮助，学生如果有问题，也可以向导师寻求帮助。、

导师除了应该对学生的教育与教学进行指导，同时也应该对学生的未来发展作出指导。大学的学生普遍的缺乏经验和阅历，他们没有目标和方向，对未来人生的迷茫有甚于学习方面。导师可以以自身的人生经验和良好的知识为学生提供指导。尤其是职业发展规划，导师应该根据学生的需求和其自身的个性特点为学生提供相关帮助，于此同时，导师也可以与学生一起学习和研究，这既提高了自己的职业教学能力，也帮助学生解决了问题。导师除了应该对学生的学习给予指导，也应该时刻关心学生的个人生活问题。学生们所面对的有情感问题、经济问题社交问题、家庭问题等，这些问题涉及到学生的生活，如果处理不好，将会严重影响其学业。所以说，导师们要了解学生生活、走进学生，发现并及时学生的心理和思想问题，做好疏导的重要职责，如果遇到严重的心理或精神问题，导师无法解决，可以为学生寻求专业人士的帮助，如心理医生或心理咨询师。

（四）英国导师制的特点

1. 制度化

英国的导师制已经形成了制度化的工作模式。高校会在坚持自身特点的前提下，制定各自学校的《导师手册》，以制度和规定的形式全面指导导师们开展工作。同时也会根据情况变化，做好新入职导师的培训工作。

导师制的制度化特点贯穿在整个导师任期内。以牛津大学为例，牛津大学在人数和时间上面对导师制进行了规定，一般三到四名学生配备一个导师，导师应该坚持每周与学生谈话一次，时间一般 1 个小时左右。这都体现了制度化的程序性工作，导师们需要严格执行。除了这些规定，导师在具体开展工作的时候，还应该做好记录工作。这项工作的作用有三："一是证明自己在工作；二是记录在案，以便将来有据可依；三是质量保证局来教学评估时予以提供。"① 导师进行的工作纪录是未来对导师的工作成绩进行评价和奖励的重要参考，也是作为导师考核和奖惩的重要参考因素，与其职业发展密切相关。

2. 全方位

导师对学生的指导工作因为涉及工作任务和指导特征等方面，所以来说导师的工作是全方位的。导师对学生在校期间遇到的问题，包括从生活到学习，从思

① 夏晓红．从英国导师制看我国高校辅导员队伍建设［J］．思想教育研究，2008（1）：47.

想到情感，从当下的状态到以后的职业发展，都可以去找导师进行咨询和寻求帮助。导师的职责工作是关系着学生的整体发展和个人利益，导师不能拒绝任何学生的寻求与帮助。导师对学生的指导和帮助既是全方位的，也是丰富立体的，体现了人的基本需求。导师对学生的全方位的指导和帮助不代表导师对学生的一切负责，这个帮助是参与式的，是帮助学生、为其提供解决问题的建议和方法。优秀导师应该具有专业的学科知识、广博的社会知识、甚至丰富的人生经验，再加上一份热爱导师身份的责任心，以上种种是成为一名必须具备的基本条件。

3. 指导性

导师的工作职责决定了他对学生的指导教学内容涉及面很广。导师的指导包括经验指导、技术指导、学术指导。经验性由于关系到导师的个人阅历和经验，所以一般内容多、涉及面广，具体说就是导师为学生提供个人的经验性的指导，包括指导学生解决人际关系、情感问题和培养他们的责任感、道德意识等。技术指导关系到有关科学研究的基本素质的培养和训练，具体来说是导师对学生进行有关学习学业、技术和进行相关科学研究的方法指导，例如撰写论文、阅读文献、写作读书报告等活动的基本技能。学术指导包括学业和学术研究的指导，它涉及科学精神、研究精神的培养和树立，是对学生进行学术意识和理想方面的教育和指导。这几个方面都是导师的工作，它们各有侧重，但都是导师为学生开展的指导工作。这三个指导是一个普遍性的指导，但是对于不同的学生，导师应加强对学生个性的关注度，具有针对性的，从学生的个体需求和具体情况，结合学生的特点，对学生进行指导。

第二章　高校辅导员队伍的职责厘定与能力提升

第一节　高校辅导员岗位职责的厘定

一、辅导员的职业定位

（一）辅导员的角色定位

社会的发展使得社会分工具有必要性。伴随着教育事业建设的发展和需要，辅导员的角色不再局限于政治引路人，也可以看作是大学生在发展成长道路上的良师益友。

1. 思想导师

辅导员工作是高校学生教育管理工作的一部分，因此，辅导员在开展日常工作的时候，要严格贯彻党和国家的方针政策。与此同时，辅导员在制定工作计划时，要考虑到不同学生的不同需求，使工作的开展更具针对性。辅导员也要准确定位自己的角色，要将国家主流的意识形态和新出台的方针政策宣传给广大学生，在开展工作的过程中，要善于发现问题，善于分析问题，并在这个过程中总结工作经验，使得工作得以顺利开展。在开展学生工作的同时，辅导员要注意将收集和整理的学生信息及时呈送给上级部门，使得上级部门可以及时做好登记工作，为学校工作的进一步深化发展提供第一手的资料。辅导员在对大学生进行思想政治教育的时候，要善于培养学生在生活和学习中发现问题和解决问题的能力，使其树立正确的思想观念。在此基础上，应掌握和运用多种教育形式，注重理论和实践的相结合，使学生可以将掌握的理论成功地运用到现实实践中去。只有在掌握科学理论的基础上，大学生才能树立正确的世界观和人生观，从而更好地指导自己的现实生活和学习。

2. 学习导师

学生的本职工作是学习。在大学的生活中，任课老师主要负责教授具体的课程，而辅导员则主要负责学生除了课程学习方面之外的大部分工作。为了做好这份工作，要求辅导员在开展工作之前充分考虑学生的长期发展，对学生的学习方法和知识结构做出有效的指导，使得学生在下一阶段的学习过程中做出积极地改善。为了使大学生走出校园后更适应于日新月异的环境，使大学生充分认识到学历的局限，辅导员应积极开展一系列富有成效的活动，让大学生深刻认识到只有保持在任何年龄阶段都具有学习的能力才能保证不落后于时代的发展。不同于高中教育是学习须有老师的监督和指导，大学的学习主要靠自己的监督和自律，因此在大学生要培养良好的学习方法，并善于制定适合自己的阶段性学习目标。在这个过程中，辅导员要体现指导和帮助学生的作用，帮助大学生成功渡过大学时期的三个关键过渡点：第一个过渡点出现在大学一年级，辅导员要帮助指引大学生从高中生的状态成功过渡到大学生学习和生活的状态；第二个过渡点出现在大学生的学习阶段，辅导员要指导大学生从基础课程学习阶段成功过渡到专业课程学习阶段，前者具有较强的理论性，后者偏向应用性和实践性。第三个过渡是从高效学习到终身学习的转变。大学生只有在大学时期养成何时何地学习的习惯，才能在日后的工作过程中时刻保持这个习惯，这样才能更好地胜任自己选择的工作岗位。

3. 生活导师

辅导员的工作职责之一是培养学生的人际交往的能力，指导大学生与人为善，做人真诚，做事负责。随着新时代的到来，要想成为一名称职的辅导员必须思考这样的问题：如何教书育人；如何以知践行，正确指导大学生心灵和身体的健康成长和发展。因此，辅导员在开展工作时，应将指导大学生生活作为主要的关注点。第一，要培养大学生的集体主义观念，教导大学生在群体生活中，要首先考虑集体，要善于处理人际关系。同时也要提升学生的心理承受能力，和面对突发情况的应对能力。第二，要加强学生在生活中的公民意识，同时也要促使大学生按照文明的生活方式进行生活，培养出健康的生活习惯。高校辅导员的工作内容还包括对大学生进行个体规范化的管理，涉及面较为广泛，比如大学生的日常作息制度的管理、上课的出勤率考评，大学生档案资料的整理等。辅导员的工作具有一定的烦琐性和零散性，但正是这些细微之处的工作可以体现出高校辅导员工作的必要性和实效性。因此，高校辅导员应在国家和学校相关规章制度要求的基础上，善于对工作方法进行创新，以认真严谨的态度处理好自己的本职工作，以大学生的全面发展作为自己的目标和任务。

4. 职业导师

随着教育改革的逐步开展，现在出现了就业瓶颈期的现象。面对这样的社会现状，辅导员应帮助大学生树立正确的就业观念，在该过程中，辅导员充当的是大学生职业导师的角色，要根据不同的学生帮忙其制定不同的就业方向，并积极处理大学生在职业规划中出现的问题。大学生作为高素质人员，在进入社会之前，需要先做好充足的思想准备工作。辅导员可以通过指导大学生开展社会实践的方式来提升大学生适应社会的能力，比如社团活动，社会调查和工作实习等。大学生不仅需要具备学习的能力，也要具有参与社会实践的能力。只有这样大学生的学习能力才可以实现与工作能力的结合，使大学生在由校园生活过渡到社会生活的过程中实现无缝对接。社会实践的过程实际上是培养大学生社会责任感的过程，在该过程中，大学生可以将自己在课堂上学到的理论知识运用到实践过程中去，实现理论和实践的紧密结合，通过不断的探索，不断提升自我的学习和工作能力。

树立真确的择业观也得益于辅导员开展的就业指导。现今大学生的就业压力因我国大学生就业体制的改革而逐渐增大，因此辅导员一定要做好对大学生的就业指导工作，这样才能保证大学生不仅在学校生活中能健康发展，也能成功立足于社会生活中。为了保证大学生就业指导工作的成功开展，辅导员必须从提高自身素养着手，这样才能在大学生遇到就业问题时提供相应的指导和帮助。

（二）辅导员的工作目标定位

在设定辅导员的工作目标时，需要立足于当前我国政治和经济的基本国情，严格遵守党和国家在现阶段的要求，在此基础上，参照辅导员的日常工作规律最终确定辅导员的工作目标。最终成型的辅导员工作目标应体现辅导员工作的重要内容，也要体现出辅导员在开展教育指导活动时的工作计划。一个富有合理性的工作目标对于高校大学生的管理工作和人才培养计划有关键性的作用。

在高等教育中，知识培育体系和人格培育体系之间存在着互相联系、不可分割的关系，两者共同构成了教育体系的关键内容。辅导员在开展学生工作之前，需要对知识培育体系和人格培育体系有明晰地划分，了解哪些内容应该划分为知识培育体系，哪些内容应当划分为人格培育体系，从而更好地服务于学生。知识教育体系主要的关注点是学生的智商，以提高学生的智力水平为主要任务；人格培育体系主要的关注点是学生的情商，以提高学生的情商水平为主要任务，这里的情商指的是学生的非智力因素，可以促进大学生更好地为人处事。一些相关学者曾进行过相应的研究和分析，得出成功是二成的智商和八成的情商共同作用的结果。该理论认为，一个人要在高智商的基础上，具有较高的情商水平，将在工作上取得很大的成就；若一个人的智商较高，情商水平略低，这样的人在学习上表现地较为优秀，可到了社会上，却往往遭到排挤，时有怀才不遇之感；若一个人的智商水平低下，情商水平也不高，这样的人注定一生碌碌无为；另外还有一种需要注意的情况，那就是一个人的情商较高，而智商水平略低，这样的人是典型的好人。由此可见情商在一个人的职业生涯中所占据的重要地位。然而现在的大学生普遍存在情商低下的问题，反映在实际的生活学习中，体现为：合作意识薄弱，心理承受能力低下，不能很好地处理人际交往能力，很难自律。因此，辅导员应针对大学生存在的情商低下的问题制定相应的工作计划，展开一定的教育活动，其工作目标的设立也要以大学生情商的提高作为出发点

1. 帮助高校学生确立正确的世界观、人生观、价值观和荣辱观

随着世界一体化进程的加快，现今在校的大学生面对的是一个变化更为迅速、更为新奇的世界，大学生接受到的文化教育不再是具有单一性的文化，而是在多元文化交流碰撞中产生的思想的火花。在这样的时代教育背景下，高校大学生在学习生活中更多地体现出积极向上、务实进取的特点。但是在多元因素的影响下，大学生的思想在一定程度上也体现出互相矛盾的特点，因此大学生在树立世界观、人生观、价值观和荣辱观的过程中往往比较困惑。这些问题所导致的大学生群体分化、思想多元、以自我为中心的问题使得思想政治教育出现停滞不前的状况。

对大学生开展思想政治教育工作的首要目的是帮助大学生树立正确的人生观和价值观，使大学生在言行上都体现出在中国特色社会主义下，党和国家对大学生的期望和要求。在社会进步的历程中，“人的全面发展”是主要的动力。立足于世界经济一体化的时代发展背景，高校辅导员在开展思想政治教育时需要结合世界政治经济的局势，深层剖析新时代对大学生思想观念造成影响的关键因素，以提高大学生在社会中的核心竞争力为主要职责。

高校为大学生提供了一个提升自我的平台，在这个平台中，辅导员是主要的指引者。作为高校管理工作的第一线工作人员，辅导员要自始至终以党的教育方针为主要遵循原则，以全面发展大学生的综合能力为主要目标，多方面促进大学生自我能力的提升和完善。辅导员在开展教育活动时，也要注意培养大学生自学的能力，将高校教育和大学生自我教育紧密地结合起来，充分调动大学生的学习积极参与性。在课堂之外，辅导员也要相应地组织一些社会实践活动，使大学生在毕业后更好地融入社会，在创造社会价值的同时，实现自我的人生价值。在处理问题时，辅导员既要关注思想上出现的问题，也要关注实际生活中存在的问题，以道理和情感力量作为开展教育工作的基础。只要这样，大学生才能成长发

展为新时代所需要的重要人才。

2. 培养高校学生的社会责任感

所谓社会责任感指的是在特定的社会历史背景下，为了建立更适合于人类生存的环境，群体和个人承担相应一定责任和义务的人格素养。身为新时代的大学生，需要有高度的社会责任感。大学生首先需要做的是对自己的社会角色进行准确的定位，明确自己在社会中应当承担的社会责任。改革开放以来，我国由单一的计划经济体制逐渐完成了向社会主义市场经济体制的转型。市场经济社会的最大特点是追求利益的最大化。身处市场经济社会的大学生，其社会责任感较为淡薄，体现在具体生活中表现为以自我为中心，注重个人利益而轻视社会利益，看重功利而看轻道义等。

为了改善高校学生社会责任感淡薄的状况，高等教育者要以依据正确的道德价值指向，重视大学生的精神教育，提高大学生的德行修养水平。为了使大学具有高度的社会责任感，使大学生在走向社会后发展成为现代社会所需要的人才，这就需要高校教育者和管理者立足于培养大学生的个体道德品质，以培养出既符合社会需要的，又能实现自我人生价值的大学生为主要任务和职责。

3. 提高高校学生的身心健康

为了提高高校学生的身心健康，高校的管理者和教育者可以从健全大学生心理健康教育工作的预警机制做起，对大学生进行足够的人文关怀，在问题发生时，进行必要的心理疏导。只有这样，辅导员才可对高校学生的心理状况有足够多的了解，及时发现有心理危机倾向和状态的个人，以便及时开展工作，避免不必要的损失和人身伤亡。辅导员在开展工作时，要善于结合心理健康教育和价值观教育，在此基础上广泛组织和开展有利于学生身心健康的社会实践活动，在这些活动的开展过程中，要致力于提高学生人际交流的能力，促进大学生心理的身体的健康发展。

4. 提升高校学生的创新、协作、实践能力的综合素质

大学时期是一个人创新心理大觉醒的时期。在这个阶段，大学生的创新能力得到提高，动机水平也获得一定的提升，其思维逐渐形成独立、有组织、深刻和批判性的特点，形成创新人格。再加上知识量的不断扩大，大学阶段是个人创新思维最为活跃的时期。为了更好地指引大学生在这一阶段的进一步发展，辅导员应主动充当培养大学生创新能力的指导者和教育者，以培养出创新型人才为己任。其可以通过开展实践活动的方式，培养大学生的创新能力，使大学生在实践的过程中，积累经验，接触社会，使创新能力和实践能力更好地结合起来。

二、辅导员的工作内容

不同时期辅导员因服务对象和所负责工作内容的不同，在特点上也有所差异。现阶段，高校辅导员的主要职责是负责大学生的思想政治教育工作、大学生发展指导以及大学生的事务管理等，其具有层次性和逻辑性的特点。辅导员的工作内容的核心是大学生的思想政治教育，主体部分是大学生发展指导，基础部分是大学生事务管理。

（一）辅导员工作内容的核心——思想政治教育

大学时期，是青少年世界观、人生观、价值观形成并成型的关键时期。在这一阶段，大学生易受到不同思想、不同思潮的影响和冲击，并且在不同程度上受到了社会现实的影响，大学生开阔了自我在生活和学习中的眼界和视野。为了将大学生培养成社会主义的接班人，高校在对大学生进行教育的时候，要明确社会主义时期对大学生的要求和期望，对大学生在政治上予以正确的指导。使大学生在各种思潮中不迷失自我，有鲜明的正确的政治立场，不做危害国家民族的事情。做好大学生的思想政治教育工作具有重要的意义，其主要体现在：

1. 坚实人才资源的政治基础，确保社会主义强国战略的实现

我国的人才培养计划的主要目的是培养出一批合格的社会主义事业的建设者和后继人。他们是祖国未来持续发展的希望，是未来民族发展的中坚力量。因此，作为我国人才培养计划主体的大学生必须在理解和遵守党的基本路线、基本方针和基本政策的基础上，勇于为社会主义的事业负责。这要求大学生具有强烈的民族使命感和社会责任感，必须有明辨是非的能力，在面临各种不良思潮时，既要予以辨别，又要坚定正确的政治立场。大学生只有拥有良好的政治思想素质，才能把祖国的建设事业认为是自己的应当承担的责任和履行的义务，将实现自我价值和实现社会价值相结合，更好地为社会服务；才能在关注国内外政治经济形势的基础上，关注祖国政治和经济的发展，致力于我国人民总体生活水平的改善和提高；才能在自己所擅长的领域，为祖国的发展做出贡献。随着互联网时代的到来和持续发展，使得国际敌对势力对我国思想阵地的侵蚀更为方便，其以网络为载体对我国实行思想的渗透，企图实现对我国的和平演变。目前，我国的发展机遇千年难遇，在对外开放、科学技术、生产力等方面都取得了重大成就。在我国持续良好发展的历史时期，我们需要的是一个相对和平稳定的发展秩序，这就需要高校管理和教育人员做好大学生的思想政治教育工作，预防来自各种敌对势力对我国人才资源的争夺情况的出现，为我国实现两个“百年梦想”铺路。

2. 引领公民整体素质，确保社会主义和谐社会的顺利建设

社会主义和谐社会的概念是，在遵守社会主义基本制度的基础上，社会系统的各个方面都相互协调的社会。大学生是公民中智商最高、积极性最强、最具创新能力的群体。多数大学生关注所处时代国内外的形势和政策，态度积极，富有青春活力，其求知欲和参与意识较强，学习能力较之其他年龄阶段的人群也具有很大的优势。大学生是支持改革开放和社会主义现代化事业的中坚力量，爱国意识和民族意识强烈。因此在构建和谐社会中，必须充分考虑这样一个特殊的群体将会带来的影响，要从最大限度上争取构建和谐社会的要求和原则为大学社全体所接受和支持。为了实现这样的目标，高校管理者需要加强对大学生在思想政治教育方面的工作，培养出适应于社会主义和谐社会要求的大学生，确保社会主义和谐社会的顺利建设。

3. 迎接国际国内形势变化的挑战，确保长治久安的政治局面

随着经济的发展，国际国内形势在近 20 年发生了许多引人注目的变化。目前，国际整体形势相对平稳，但战争事件和小范围的冲突事件每天仍在上演。处于和平发展的整体环境下，西方一些发达的资本主义国家仍企图对我国施行经济和政治霸权。自从我国开始由社会主义计划经济向社会主义市场经济转变以来，我国的经济取得了巨大的成就，我国的基本国情也相应地经历了巨大的变化。但是由于市场经济的影响，我国的经济结构也随着发生了翻天覆地的改变，比如社会经济成分、组织形式、就业方式和分配方式由原来的单一性，逐渐向多样性发展，社会利益关系也由原来的简单化变得错综复杂起来，现在我国主要面临是贫富差距、城乡差距和地域差距不断增大的问题，社会阶层之间出现不可调和的矛盾。处于这样一个至关重要的转型时期，我国由于经济发展而带来的负面影响因素，如社会机构的变化、社会利益的分配问题等的出现具有一定的历史必然性。但是关键的是要对这些负面影响进行妥善地处理，否则，社会主义建设的事业会受到一定的影响。

作为社会主义事业未来的继承人的大学生群体，由于身处国内外形势瞬息万变的时代，其思想和思维方式会受到一定的冲击和影响。其具体影响可分为积极方面和消极方面。从积极方面来看的话，这样的形势变化有助于大学生自主自立、积极参与竞争意识的形成，同时也增强了大学生面对困境的心理耐受力。从消极方面来看的话，大学生的人生阅历还比较浅薄，面对新的思潮时，还不能进行有效地辨别，易迷惑于事物的表层现象。我们需要思考的问题是：面对西方资本社会的和平演变，大学生是否可以做出辨别，同时做出有效的抵抗？面对我国

现今存在的一些矛盾，大学生是否可以从深层进行深刻地分析和解读？为了避免大学生在面对国内外形势时，出现上述消极方面的情况，我们一定要重视马克思主义对我国主流意识形态的指导。我们还需要了解的真实情况是，现在的大学生普遍出现政治信仰迷茫、社会责任感弄若、团结意识较差、心理素质不强的现象。而这些现象的改变，需要高校辅导员认真切实做好思想政治教育工作，对工作方法做出一定的革新，解决大学生在现阶段所面临的主要问题，从而实现我国政治的长治久安，确保我国社会主义事业的顺利开展和最终实现。

（二）辅导员工作内容的主体——加强学生发展指导

学生发展指导旨在解决大学生在学习的过程中出现的心理、生活、学习和就业等方面的问题，其主要目标是为了实现大学生的全面发展。具体解决方式大都通过开展教育活动，提供免费咨询服务，提供免费心理辅导的方式展开，比如社会实践指导、职业生涯规划和校园社团活动指导等等，以此来激发大学生的发展潜能，促进大学生德智体美劳的全面发展，培养其成为在社会上具有核心竞争力的新型人才。

与其他的解决方式相比，学生发展指导具有一些不同的特点，主要体现在四个方面：其一注重全面指导方式和重点指导方式的结合；其二在进行开放性指导时，借鉴阶段性指导的方法；其三在进行发展指导时，在一定程度上参考效果评价；其四是在开展群体指导的同时，注重对个体进行指导。学生发展指导的前提是尊重、引导和服务任何一名大学生，在此基础上，促进所有大学生的全面发展。这里的尊重指的是尊重大学生的个体差异性；引导和服务指的是在大学生发展成长过程中，辅导员要充当的角色是引路人和导师，帮助学生正确处理在学习和生活中遇到的难题。

学生发展指导是一种综合性的指导，指导不同的学生根据自身特点的不同选择适合于自己的学习方法和职业生涯规划，其主要目的是实现大学生的全面发展。从这些方面可以看出，学生发展指导不仅仅局限于传统的以学历教育为主要关注点的学习模式，其更加注重的是培养大学生在实际生活中处理问题的能力，开发大学生的发展潜能，注重大学生德智体美劳各个方面的全面发展。

学生发展指导是在对考察社会的实践基础和马克思“人的全面发展”理论基础上提出的。对大学生进行发展指导，是高等教育领域贯彻马克思“人的全面发展”理论的体现。马克思始终把“人的全面发展”作为自己的理论出发点和一生中最高的价值追求。在他看来，共产主义最本质的特征是一个人自由而全面的发展，人的最高价值追求是自由个性的全面发展。马克思认为，只有个人的全面发展，才能从本质上促进整个人类社会的进一步发展，只有每个人的个性都得到充分地自由发展，社会的全面发展才成为可能。当我们制定有关工作、学习的目标时，马克思主义的“人的全面发展”理论为我们提供一定的价值指向，可以看作我们行动的理论指导。

目前我国大学生群体的发展存在着一系列的问题，为了妥善解决这些存在的问题，加强大学生的成长发展指导具有很大的必要性。这是因为：第一，从生理学角度看，大学生的年龄大多处于18周岁到22周岁的年龄区间，已经度过了青春期比较“青涩”的阶段。但是从心理学角度分析的话，大学生的人生观、世界观、价值观仍没有成型，可塑性很强，在心理和认知方面仍处于不稳定的阶段。这时的大学生具有一定的优势，如自主意识较强，个性化突出，但是也存在着很多缺陷，如自律能力较差，心理素质不强等。第二，大学生生活面的狭窄和视野的狭隘，使大学生不能依据社会的具体情况对自己进行准确的定位，大学生在制定的职业生涯规划往往和现实之间存在着很大的鸿沟。这时，就需要学生发挥自己的主观能动性，学校尽力提供帮助，协助大学生根据自身的优缺点合理选择今后的择业方向，并在大学期间充分挖掘自己的发展潜能，最终成为适应于时代和社会发展的新型人才。第三，目前我国市场经济的人力资源配置还不成熟，造成了大学生在学习阶段就已经感受到了严峻的就业压力。处于当前的时代背景下，大学生面临着传统教育模式难以解决的就业发展困境。针对这些新出现的问题，需要高校有关负责人准确掌握大学生成长和发展的规律，从而对症下药，积极引导和规范大学生的日常行为，促进大学的健康全面发展。

（三）辅导员工作内容的基础——大学生事务管理

大学生事务管理工作是整个学生工作的基础，对大学生的成长和发展有着至关重要的作用。

第一，学生事务管理工作必须严格遵循教育法规、制度和条例，从而对大学生的日常行为做出规范指导。

第二，学生事务管理工作的开展可以在一定程度上促进大学生在大学期间的全面发展。

第三，学生事务管理工作为大学生的各项权益提供了制度保障。

三、辅导员的岗位职责

随着教育改革的进一步开展，辅导员不能仅满足于保证学生生命安全的基本层面，还要对学生进行必要的思想政治工作，做大学生在大学期间的指导者、咨询者、服务者和管理者，保证大学生的全面发展。

（一）思想政治教育与引导

对大学进行思想政治教育与引导，是辅导员工作首要任务，是开展一切工作的基础。不同时期对大学生进行的思想政治教育具有不同的侧重点，当前，对大学生进行思想政治教育主要包括四个主要方面的内容：第一，加强大学生的思想信念教育，帮助大学生树立正确的人生观、价值观和世界观；第二，加强大学生的爱国主义教育，弘扬民族精神；第三加强公民道德意识教育，帮助大学生形成符合主流意识形态的道德规范；第四加强综合素质教育，为大学的全面发展做出努力。

（二）心理健康教育与指导

辅导员可以通过举办心理健康教育课程，开展普及性讲座等活动的方式进行心理健康教育与指导工作，做到及时发现、及时处理大学生由于心理方面的原因而出现的问题，杜绝恶性事件的发生。心理健康教育与指导的主要工作内容是协助学生更好地完成学习、生活和职业生涯中的任务。当前大学面临的压力主要来自学习、经济和就业。辅导员应具体问题具体分析，为不同的大学生遇到的不同问题提供相应的咨询的服务，其主要工作对象和工作内容有学习和就业、特困学生、疾患学生、心理障碍学生等。

（三）学风建设与学业指导

辅导员要加强和任课老师的沟通和交流，从宏观的角度了解学生的基本学习情况，从而更好地促进学生学习的进步。

学生的学习情况由任课老师和辅导员共同负责。任课老师更加关注的是具体的课程，辅导员主要是从学生长期发展的观念指导学生的学习。在大学的学习过程中，主导的学习方式是学生的自学，因此对于学生而言，正确的学习方法和学习态度至关重要。辅导员需要让大学生认识到学无止境，大学生首要需要掌握的知识技能是学习的能力，要有活到老学到老的学习态度，这样才能适合于瞬息万变时代的发展。

培养高素质的人才首先需要关注的是树立优良学风的关键性。因此辅导员需要致力于建设优良的学风，为大学生提供适合学习的环境，构建以学习为主导的班级类型。学习型班级中的学生既注重汲取理论知识，又注重将理论知识应用到实际中的实践过程，通过理论和实践的相结合，在实现自我价值的同时，创造社会财富。

（四）党团工作指导

辅导员的工作内容之一是管理党员的发展和教育，积极指导学生举办主题团日活动，做好团员教育、员评审工作。在进行党团工作时，辅导员要充分利用党员和入党积极分子所可能起到的模范作用，在进行发展党员工作时，对党员实施自我教育管理，革新学生党员的传统教育模式。其具体实施方式是将新生接待的工作分配给一些高素质的学生党员，并让其同时负责日常信息联络的工作，也可以为学生党员设置班级带班党员的职位，使学生党员参与到班级管理中去。这样可以改善原来带班党员与班级接触较少，不能发挥其主要作用的情况，以此来对学生干部的工作做出补充。

（五）素质拓展指导

一个国家的发展离不开创新。因此如何通过教育培养出创新型的人才是当务之急。教育部在“面向21世纪教育振兴行动计划”中曾经指出，由于创新型人才的匮乏，使得我国创新能力和竞争能力受到消极的影响。培养出创新型人才具有一定的时间，这使得我国的核心竞争力在今后的很长一段时间内都没有办法得到实质性的提升。因此，高等教育要注重对大学生创新能力的培养，为我国的未来发展注入活力。

现今高校面临的主要困境是，如何在知识经济时代的背景下培养出具有知识、能力和素质等综合性素养的创新型人才。高校辅导员处于教育的第一线，是直接服务于学生的主体，因此，要解决以上的难题，辅导员首先要做好自己的本职工作，积极指导大学生的社会实践，课外科技学术等活动的开展，从而全面培养学生的实践能力和创新能力，在大学生创新能力的提高层面发挥其应有的作用。

（六）职业规划与就业指导

职业规划与就业指导的主要工作内容是协助学生制定适合自己的职业生涯规划，对即将毕业的大学生进行有针对性的就业指导，以促进大学的就业为最终目标。如果对社会分工进行细致划分的话，对大学生进行职业规划与就业指导的工作应当归属于职业辅导员，其主要职责是在系统掌握职业生涯规划方法的基础上，指导不同的人群依据自己的需求设定适合自己的职业规划，并帮助这些人群逐渐实现自己的职业目标。为了更好地指导大学生的就业，高校辅导员必须具备职业辅导员的基本职业素养，这是因为指导学生的就业也属于学生工作的内容，只有处理好学生的就业问题，才能更好地开展学生工作，真正服务于学生。然而，现在高校的学习风气不良，普遍存在逃课上网的现象，这不仅对危害学生自身的发展，也在一定程度上冲击了高校的教育。面对这样的现象，开展职业生涯规划工作就显得至关重要，在开展的过程中，大学生可以把社会作为主要的参照，对自己进行准确的定位，认识到自我的能力水平和社会的需要存在的差距，从而对自己的行为和态度做出调整和改善，制定可行的目标和相应的实施计划，这样才能心无旁骛地投入到学习和社会实践过程中去，为毕业后顺利进入社会做好铺垫。

大学期间，是一个人职业观的确立和综合能力的提升的关键时期，这需要学生不断的学习、不断的积累、不断的实践才能完成。因此大学生的职业生涯规划应贯穿从大一到大四的四年学习生活过程中。在这个过程中，辅导员要做好指导工作。对于大学一年级的学生而言，辅导员的工作重点是引导其树立科学的世界观和人生观，使大学生正确认识到自己的优势和不足，在此基础上制定好职业生涯的大致框架。对于大学二年级的学生而言，辅导员的工作重点是引导大学生积极参加社会实践活动，指导学生在课余时间做一些与自己的职业规划相关的兼职工作，从而提高大学生在职业方面的基本素质，培养其社会责任感、团结意识等。对于大学三年级的学生而言，辅导员需要指导学生参加一些由已经工作的同学主持的交流会，全面提高大学生的工作能力，开设一些与制作简历和求职信相关的课程，使大学生掌握获取招聘信息的渠道。对于大学四年级的学生而言，辅导员的主要工作重点是培养大学的求职技能，帮助学生顺利完成从校园到社会的过渡。

（七）班级建设工作

从一般意义上分析的话，学生学习和成长的主要场所是班集体，学校在开展教育活动时也是以班为基本单位。班集体的主要功能是为学习、管理、服务和文化活动提供一定的场所和氛围。

大学的班集体具有和中小学班集体不同的特点。但是在大学生进入大学之初，仍保留着在高中时期行为和思维模式的特点，会渴望集体对自己的认同，希望在班集体上感受到归属感。这主要体现相对于其他年级的大学生，大一新生参与班级活动的积极性更高，开设的课程也主要是公共课，在开展学习和其他活动时，也多以班级为单位。所以辅导员要充分利用这一时期，引导大一新生多举办一些班级活动，从而为班集体的凝聚力打下基础。辅导员可以通过以班级为单位组织一些文艺活动，从而营造出友好向上、积极进取、团结友爱的优良班风。辅导员要在关注大学生的专业学习的同时，积极营造出一种积极的学风氛围。总而言之，辅导员所有工作的顺利开展，需要建立在班集体凝聚力的基础上。

同时，辅导员还要负责学生的档案管理工作，学生干部的换届工作等，为营造氛围良好的班集体做出贡献。开展班级活动可以促进大学生的全面发展，也有助于建设学风良好的班集体。辅导员应鼓励大学生积极参与到班集体所举办的活动中来，通过设定共同奋斗目标的方法，增强班集体的团结。

（八）学生日常管理

学生日常管理属于辅导员的主要工作内容之一。其具体工作包括日常规范管理、学生各类个人信息汇总及信息档案库管理等。辅导员在进行这些工作时，要提升自己的管理能力，做好大学生的日常管理工作，排除学生好好学习的后顾之忧。不同于以往的大学生，现在的大学生较为活跃、敏感和激进，对自己的未来发展有很高的期望。大多数大学生对于一些大话、空话和套话非常反感，如果这时还用这样的官方话语管理他们的日常生活和学习，将收不到预期的效果。面对这样的趋势，辅导员群体应充分提高自己的管理和组织能力，让学生自觉主动地遵循行为规范。

（九）宿舍管理工作

在校园文化中，不可忽视的是学生宿舍的文化。大学教育的目的是在教会学生欣赏美的同时，培养他们创造美的能力。具有一定品质的学生宿舍文化可以培养学生欣赏美的品味和创造美的能力。一个高品质的学生宿舍文化可以在潜移默化中给予学生关于美的教育，良好宿舍文化氛围的养成有赖于此，而优良校风形成的基础是积极向上的宿舍文化的形成。辅导员可以通过开展一系列的活动使大学生重视宿舍文化，如宿舍内务整理大赛、五星级宿舍评比等，使大学生在参与这些活动的同时，受到文化的熏陶，在丰富课余生活的同时，提高自身的素养。同时，辅导员在日常生活中，也要做好对学生的管理监督工作，要不定时地去学生宿舍参观指导，为学生营造良好的宿舍卫生和文化环境做一名合格的引路人。

（十）安全稳定工作

辅导员的日常工作之一是对学生进行安全教育，以提高学生的安全意识和处理危险的能力为主要工作目标，同时，辅导员要培养自己冷静妥善处理突发情况的才能。

不同于改革开放以前高校的封闭式办学，现今高校大多采用的是开放式的办学类型，校园环境逐渐变得社会化和复杂化，教学区、生活区、家属区、居民区、书店、超市等融为一体，方便了师生的学习和工作。但这样也使得学校内出现的闲杂人员增多，一些不法分子便利用这样的机会违法作乱，增大了高校的安全隐患。市场经济体制下，使得大家更加看重金钱利益，这种思潮影响到高校学生，使得大学生尚未成型的世界观、人生观和价值观发生了扭曲变形。面对这样严峻的形势，高校将大学生的安全稳定工作视作重点工作之一。由于高校学生的安全意识低下，一些贵重物品如手机、电脑、iPad 等经常出现丢失的情况。而且由于现今的大学生多是独生子女，缺乏安全防范意识，人身安全同样缺乏保障。因此高校应把学生的安全教育做好，为培养出优秀的人才打好基础。

第二节　高校辅导员职业技能的提升

一、提升团队组织和管理能力

高校辅导员作为学生的思想政治教育的管理者，首先应该有的就是对学生的领导和组织能力，辅导员作为学生中的领导，应该具有领导的魄力和眼界，能够在需要的时候把学生团结及组织起来。把学生组织起来不是盲目的来进行的，这里涉及到对整个组织的系统化的安排、包括人员的安置、时间的安排、任务的分配、目标的确定的等。除此之外，辅导员应该有一定的对组织的管理能力，能用人，会用人，对于不同性格和特长的人，能够根据其特点对其进行教育和管理。

（一）对学生组织的管理

广义的学生组织管理包括的有对党、团、班级、年级、学生会、社团的管理，我们在这里仅简单的说一下高校辅导员在学生会和社团中的组织和管理能力。首先，高校辅导员应该加强指导，尽最大可能的发挥学生会和学生社团在学生管理中的连接作用。其次，加强管理和领导，准确的掌握学生社团发展的方向，有利于辅导员加强学生的组织和管理。最后，加强扶持和引导，积极的引导学生社团开展有益身心的活动，从而提高其在学生中的管理能力。

（二）对班级的管理

班级是学生进行自我管理以及辅导员对学生进行管理的主要的组织载体。辅导员加强班级的管理，应该加强学生的带头作用，班级建设的好坏直接决定了学校各类教学任务的落实。作为辅导员应该提高自己的班级管理水平，具体的方法是，第一，用创新的思维和方法来管理班级，提高管理班级的整体效率，作为辅导员应该摈弃以往的传统的管理班级的思维和方法，在把握班级发展方向的基础上，引导班级成员自主制定符合班级自身的发展方向、班级活动、班级文化。第二，充分的发挥班级内团员、党员、领导干部的带头作用，发挥其在班级建设中的思想引导作用。第三，坚持以活动为出发点，积极的培养学生的综合素质，在活动中提高班级的向心力和凝聚力，促进班风的和谐发展以及班级内各项工作的有序进行。第五，辅导员应该能够合理的选择和使用干部，提升班级的管理水平，作为辅导员应该重视对班级内部的干部的培养和任命，在选择和任命班级内部的干部的时候应该坚持公平、民主的选聘方式，做到优势互补、特色互补，在培养班级干部的时候，应该加大对其的培养力度，为后期干部协助辅导员能够有序开展工作作铺垫。第六，辅导员要把握班级建设的重点，在纷繁复杂的班级事务中，找到班级发展和建设的关键点，为班级的建设营造一个和谐、宽松、文明的环境。

（三）对毕业生的管理

毕业生是思想比较成熟，心理和人格发展较完备的一群人，他们即将走出校园，即将面临着社会各界所带来的形形色色的压力。就拿毕业和就业的现实性的问题来说，这是大学生毕业之后必须得面对的，这些无形的压力又在潜移默化中引起了他们各种的心理问题和行为问题，这就要求高校的辅导员应该做好学习管理、就业管理、个人行动的管理，这既实现了学校的教书育人的功能，也维护了学校的安全稳定。

首先，辅导员应该提高自己对毕业生的学习管理，提高毕业率。对于毕业生来说，上大学就是为了获得知识，拿到未来就业的敲门砖——大学文凭。但是，根据相关部门的调查，在每年的高校毕业生中总有那么一小部分人没有毕业证。分析其中的原因，有的是因为学习态度不明确，目标不清晰，在大学的刚开始只顾贪玩，不好好学习，以致于在学习上面有了很多缺漏，长时间的积累致使他们后来越来越没有信心去学习，还有些学生是因为觉得大学就是为了一个文凭，学习的知识到未来没有用处，考试的时候看看背背就行了，就会通过，于是他们就有的找工作，有的去实习，把当前学习置之度外，最终到考试的时候不能正常毕业。对于这样的情况，辅导员一定要加强对毕业生的课内知识的学习和管理，帮助他们掌握知识，告诉他们学习要合理安排时间，不可好高骛远，正确处理好当前学习与考研、就业的关系。

其次，辅导员应该提高自己的就业服务能力。从目前的社会大环境来看，大学生就业问题已经成为一个社会各界都时刻关注的热点问题。近年来，由于我国在公司体制、人事制度和毕业生就业等方面不断改革，使得我国毕业生的就业和服务工作在高校的教育与管理中的重要性越来越突出。毕业生的就业管理工作既涉及到质量也涉及到比例。辅导员在加强就业管理了的时候，第一，要帮助毕业生了解形势，正视自己，帮助他们树立正确的择业观和就业观，这里可以通过邀请社会专家学者、知名企业的领导人、国家相关就业中心的负责人亲自莅临指导，使毕业生明确现实与梦想的差距，争取做到个人利益服从集体利益，把个人价值与社会价值融合到一起就业观念。第二，加强就业管理与服务工作，辅导员应该从各个方面提高自己的就业服务能力和意识，通过建立学生档案、上网搜集有关就业信息、创建就业 QQ 群、建立就业微博讨论平台、创建就业微信公众号，为毕业生提供就业服务和指导工作，另外，针对用人单位具体要求做好毕业生的组织推荐工作。第三，辅导员应该提高自己对面试技巧的解读能力，帮助毕业生提升面试成功率。

最后，辅导员应该帮助毕业养成正确的行为习惯，这也是对辅导员对学生工作队伍管理能力与水平的重大考验。尤其在爱校、护校方面的行为管理，毕业生提高自己良好的文明习惯对低年级学生的教育管理工作有着极大影响，根据相关的资料表明，毕业生由于其在校受到的管理相对宽松，相对于低年级来说，他们的违纪现象更多一些，违纪现象的出现主要有以下几种原因，第一是他们面临着分配、考研、情感等问题，第二是他们的自由度过高，过度的放纵自己。因此加强毕业生行为管理十分重要。首先是要做好大学生的爱国教育、爱校教育，培养和激发他们的集体荣誉感和自豪感，应采取多沟通、多交流的方式来引导和感化大学生，不可采取强硬或者过激的方式来刺激大学生；其次，使规章制度深入大学生心中和行为中，不能有可以任意超越学生管理制度的学生，应该对全体学生一视同仁，不能迁就违法乱纪者；再次，辅导员应该从维护校园的正常秩序和和谐稳定的角度出发，给予毕业生以不同方面的关心，帮助他们解决生活、学习中遇到的各种问题，尤其是那些家庭贫困、学业较差、有心理问题的学生，帮助他们能够顺利毕业，找到合适的工。最后，绝不能忽视班级内部的党员和班干部的模范带头作用，使他们的优秀品格影响和引导全体毕业生自觉遵守校规校纪，树立文明之风，弘扬优良传统。

二、提升沟通交流的能力

辅导员的思想政治教育工作离不开与学生的沟通与交流，辅导员与大学生联系的一个主要渠道就是沟通与交流，而沟通交流离不开辅导员对语言的组织能力和表达能力。语言是辅导员进行表情达意、传播思想、传授知识和经验、引导学生成人成才的基础工具。辅导员的日常工作都是通过语言来进行的，如果说一个辅导员不能有良好的语言表达能力，不能准确的表达的意思，不能通过正确的方式来与学生进行沟通与交流，他们也就不能把自己对知识的理解、对思想的把握、对问题的观点等想法很好的表达出来。还有就是如果辅导员的语言的积累不丰富、表达能力不强，有时候会对教育起到事倍功半的不好作用，所以说，辅导员的语言能力显得十分重要。

大学生的思想政治工作应该是贴近大学生的心理和生活的，它应该是把理论知识与实际生活联系在一起的，它不是形而上、高大上的长篇的说教，而是有理有据、深入人心的交谈，是对理论知识的细致入微的分析，是对大学生进行无话不说的交谈，感同身受的理解大学生。只有这样才能得到学生的信服和尊重。作为辅导员不应该总是批评学生，应该及时的表达自己的喜爱和赞美，对大学生的成长和进步给予正确的嘉奖；对于一些个性明显的学生来说，辅导员应该根据其不同的个性特点，采取合适的、恰当的方法来引导和教育大学生，使他们能够接受辅导员的观点和建议；作为辅导员应该在坚持原则的基础上面，尊重大学生的人格，时刻顾及他们的自尊心，在语言的使用上面，尽量保持平等、自由、民主的原则。

除了日常的沟通与交流问题，在具体的课堂教育上面，也应该提高辅导员的语言表达能力，下面我们对课堂教育中如何开展有效的沟通与交流进行详细的叙述：

（一）设计好课堂内容的引入语言

课堂内让的导入语言需要辅导员根据课程的内容进行事先的设计，课堂内容的引入语言应该具有新颖、生动、形象的特点，能够先入为主的引起学生的兴趣，激发学生的注意力和思考力，语言要体现内容的目标性。语言的设计上面应该从发现疑点、设置疑点、解决疑点、等内容出发，启迪学生思考现实问题。

（二）设计好课堂上面使用的语言

辅导员在课堂教学上面应该使用可以让学生接受的语言方式进行讲课。辅导员课堂教学中不能只按照课本的内容进行不加任何的解释的进行照本宣科，辅导员应在坚持党性原则、逻辑性原则的前提下，力求课堂上的叙述语言是是生动的、有趣的、便于理解的、通俗易懂的、详略得当的。

（三）设计好课堂上的故事情节语言

课堂的教育中，辅导员可以适当的加入一些具体的案例，创建一种能给学生以情绪感染和心理体验的环境。故事情节教学法可以利用人有感情这一特点，使学生在案例中得到启发和思考，使教学内容深入人心。辅导员的故事情节语言法不仅是对学生晓之以理，动之以情的好方法，而且也是发挥自己的课程设计能力的表现。

（四）设计好课堂的语言润滑剂

课堂教学上的语言润滑剂应该就是幽默。传统的课堂教学是枯燥的、无味的，作为辅导员应该适当的改变教学方法，在课堂上面尽量使用幽默的语言开展教学，把枯燥的东西用鲜活、生动的话语进行表达出来，把深奥的不易理解的东西用平淡的、具体的事件进行描述出来，改变传统的授课方法，方能起到事半功倍的效果。辅导员在课堂上面运用的幽默语言应该坚持一定的原则：首先是应该具有一定的启发性，课堂教学的目的就是要教育学生进行学习和思考，语言只会让人笑，却不能让人有一定的思考这是不合适的；其次，坚持快乐学习的原则，在快乐中培养学生的科学世界观、人生观和价值观；最后，所运用的语言要有一定的品位，不要是庸俗的、没有品位的。

三、提高开拓创新的能力

当今社会是正处在一个复杂多变的的阶段，不管是经济还是文化，不管是思想还是学术，都处在一个不断发展和进步的阶段中，作为这一时期的大学生来说，他们的思想和理念也在不断的变化着，他们普遍的喜欢新颖的事物和东西，热衷于对新事物的追逐和效仿。因此，作为大学生的辅导员应该具有创新的思维和开拓创新的能力，这是辅导员的职责所在，也是辅导员进行长期有限开展工作的必备能力。

一个优秀的大学生需要一个更加优秀的老师的培养和教育。一个优秀的辅导员应该在坚持教育的基本原则下，开动自己的大脑，发散思维，创新思维学习方法、创新运用各个学科知识，探索新的人才培养模式，培养出具有创新意识和能力的大学生，更好地为社会主义人才培养的目标服务。

辅导员是大学生思想政治教育的核心，作为辅导员应该积极开展创新型的思想政治教育方法。

（一）协助配合建立心理健康工作队伍的立体网络

大学生的思想政治教育工作仅仅依靠辅导员的日常的教育工作还是不够的。辅导员应该提高自己的依靠网络进行教育的能力。辅导员应该动员全校教师和学生建立一套完善的心理健康教育网络平台。这个平台呈现出立体化的阶层分部：分别是学校、学院、班级。

心理健康教育网络平台应该由专业的心理教育学者、辅导员、大学生为主要的组成者，以网络为主要平台进行心理健康的教育，目的就是提高大学生的思想政治素质。

（二）建立学生社会实践的长效机制

辅导员应该根据实际情况，整合学生资源、学校的资源、社会资源建立一套完善的大学生思想政治教育服务机制。完善大学生社会实践的运行机制，作为辅导员应该从基础化、实业化、项目化、社会化等为出发点进行开展各种各样的社会实践活动。

四、提升科研开发能力

大学阶段的学生，是当今社会上的一个应该受到特别关注的一个群体。这个群体因为受到高等知识的教育，他们普遍的具有一定的文化知识储备、对问题的观察与分析的能力、对事物的评价标准、处理事情的能力等，但是他们也有一定的自身缺陷，比如，思想不成熟、做事情没有毅力、不善于总结和思考、对问题没有长远的眼见，还有就是各种各样的心理问题等，那么作为辅导员就应该从实际出发，帮助大学生去发现和总结他们所面对的新情况和新问题，并通过自己的知识和经验进行相关的总结和研究，形成一定的科研成果，更进一步的应用到大学生的教育中。

辅导员的研究与开发能力，是保证辅导员工作长期有效开展的关键，作为辅导员在除了掌握丰富的学科知识，具有较高的思想政治专业素养的同时，还应该具有运用科学的方法进行研究问题的能力。辅导员应该具有把理论知识与具体的工作放到一起进行科研工作的能力。去指导学生工作的实践，应该强化自身的“知识型”与“学者型”的定位。我们知道任何的经验和真理都应该放到实践中进行检验，科研就是把理论与实际联系最好的纽带，所以，辅导员一定应该具有科研工作的能力。

五、提升信息的加工和整理能力

如今的社会已经是一个信息化的社会，随着网络技术的快速发展，人们的日常生活和学习已经被以网络为载体的信息技术所覆盖，于此同时，人们的沟通与交流的方式也在发生着翻天覆地的转变。作为高校的辅导员在面对着复杂信息的影响下，应该具有辨别是非的能力，应该具有对信息的搜集、筛选、整合、加工的能力。

第三节　高校辅导员职业精神的培养

一、·提高辅导员的思想品德

思想品德包括一个人的政治意识、个人观念、人生理想、道德情操等方面。作为辅导员要想提高个人的思想品德，就应该从这几个方面着手，通过提高自身的认识与在社会实践中，不断培养自己良好的思想品德意识。

辅导员的思想道德素质是其根本的、最重要的素质，它可以通过后天的学习和培养进而得到提高。辅导员作为高校的思想品质教育的核心之一，他们的思想道德素质直接影响着大学生的思想品德素质的高低，因此，必须把提高辅导员的思想道德素质作为提高大学生思想品德教育的首要任务来抓。提高辅导员的思想品德教育主要从提高其政治素质、思想素质和道德素质几个方面来进行。

（一）政治素养的提高

高校的辅导员承担着培养和提高大学生的思想政治认识的重要责任。他们在思想政治教育工作中的地位和义务是不能忽视的。作为大学生的思想政治教育的辅导员，他们的政治素养和政治观点的准确与否，直接关系着他们培养的大学生的政治素养和政治观点的正确与否。思想决定着一个人的行为，文化程度越高的人，他们对社会的影响力就越大。面对着如今社会政治、经济、文化、科技高速发展，辅导员一定要认清自己的方向，站稳立场，树立正确的社会主义政治信念，只有这样，他们才能在正确政治意识的支配下，培养具有明确政治认识和政治素养的大学生。

作为高校的辅导员应该深入的理解和学习正确的思想和观点，坚持用正确的理论和思想作为自己行为的指导，在具体的教育教学活动中，辅导员应该认真学习和领会我国的基本国情，总结我国社会发展中的经验和教训，用科学创新的思维方法来完善自己的思维意识，分析中国和西方国家之间的差距与当代中国热点问题，为高校学生解疑释惑。

在政治方向和政治立场上面，辅导员应该加以明确，并通过自身正确的认识和理解来教育大学生。从目前的形势来看，外国的敌对势力一直没有停下来对我国的政治主张的歧视和反对。作为高校的辅导员应该把大学生对政治方向的正确认识作为思想政治教育的重点来做，那么，作为辅导员就必须先接受党的方针和政策的教育，坚持中国特色社会主义方向，培养正确的立场意识，在思想上和行为上面始终保持与国家的一致性。辅导员在教育大学生之前，应该树立正确的立场，自觉抵制不良思想的影响，坚决维护党和人民的利益，运用符合逻辑的观点与方法来培养学生。

（二）思想素质的提高

辅导员的思想素质涉及到辅导员的三观和对辅导员职业的思想觉悟的等问题。辅导员的正确三观包括正确的世界观、人生观、价值观。思想觉悟涉及到的是辅导员对教育事业献身的精神。辅导员的思想素质是辅导员对大学生进行具体的生活和学习管理的内在动力，它直接影响着辅导员内在的思想政治品质的高低。思想政治教育不是一件一蹴而就的工作，它是通过辅导员自身的言谈举止的潜移默化的传输来提高学生的思想境界与精神风貌的，它对大学生的影响是缓慢的，却持久的。

理想信念有高尚和低俗之分。高尚的理想信念是高校辅导员思想素质的核心，也是培养优秀的大学生的关键所在。理想信念是衡量一个人人格是否高尚和完善的重要因素，它是人特有的。一个人的三观正确与否都是通过理想和信念的正确与表现出来的。辅导员作为高校学生思想政治教育的核心教育者应该对国家和党的方针政策有一个清楚的认识，并保持对政策和方针的认同感，对我国改革开放与社会主义现代化建设的足够信心，拥护党的领导。高尚的理想是辅导员思想素质教育的重点，这就要求辅导员在工作和学习中不断地加强先进理论和思想的学习，认认真真的完成自己的教育的工作，把满腔的激情毫不保留的投入到培养大学生思想政治教育的工作中去。

大学是大学生人生转折的重要时期，也是他们个人思想和行为形成的重要时期，在这个时期，优秀思想的形成对他们的一生发展起着重要的引导作用。现阶段的大学生普遍的具有高尚的道德情操、希望获得社会认可、追求人生价值等积极向上的一面，但是由于社会经济的影响，也有很多学生没有明确的个人目标、没有正确的价值观、没有责任心与社会责任感。这个时候，作为大学生的思想政治教育的管理者和服务者，应该积极的履行教育的职责，积极引导学生树立争取的政治意识和政治责任感，帮助他们解决面现实中的一些思想矛盾问题，使他们能从错误的思想与行为中走出来。作为个性比较强的大学生，他们有时候可能会表现出比较独立性与自主性，不服从辅导员的安排，但是辅导员应该有耐心、有毅力，相信学生，相信自己，通过一切的方法帮助大学生树立正确的理想和社会主义信念，形成正确的人生观、价值观、世界观。

（三）道德意识的提高

一个人道德的好坏，直接关系着一个人的行为的好坏。道德是一个人处世做人的标准，是调整人们之间的关系的准则和规范。辅导员的道德观念和行为规范是辅导员道德素质的具体表现。辅导员在具体的教学教育过程中都需要道德素质的引导，这里包括辅导员与老师、家庭、学生、领导的具体的活动关系。作为辅导员，只有加强自己的为人师表的道德意识、保证自己作为一名教师基本的行为符合道德标准，使自身的行为符合社会和学校的要求，为学生所接纳，才能在社会关系中胜任自己的道德角色。

二、以社会意识为引导培养辅导员职业精神

（一）辅导员应该具有大爱之心

一个对教育具有大爱之心的人，才能做好教育。作为大学生的思想政治教育

的辅导员来说，更应该具有大爱之心。爱心是做好工作的根本，它是责任感和诚信意识的源泉。辅导员的工作内容和职业特性决定了他们的工作是一份需要无私奉献、需要拿出真心和爱的职业。纵观辅导员的工作，不管是从对学生的思想政治教育的管理上来说，还是从学生日常的生活的管理上来说，无论是教育管理上来说，还是从对大学生的服务上来说，辅导员都应该有一颗大爱之心。

在具体的工作中，辅导员应该坚持一视同仁的教学态度，不分高低贵贱的平等的对待和爱护学生，不管是少数民族的，还是贫苦地区的，作为辅导员都应该根据具体问题具体分析的原则，真诚地关心和帮助大学生，关心他们生活和学习。辅导员在实际的管理和教育中，应该全面地、深入地了解大学生的实际情况，尊重其人格，赢得大学生的信任。辅导员还必须以身作则，以自己爱人、爱校、爱国的行为习惯来影响大学生，使他们正确认识并处理好爱国、爱校、爱人、爱己的关系。辅导员可以通过开展爱心捐助活动、扶危济贫的活动，培养大学生的大爱意识，让大学生明确到爱心对人、对社会的重要性。在爱国主义的教育中，辅导员应该根据不同年级、不同专业的特点，因地制宜地开展教育，提高大学生的思想境界，培养和锻炼大学生爱人的能力，激励大学生努力学习、努力成才，学成报效祖国的行动中。

（二）辅导员应该具有责任心

除了大爱之心以外，辅导员还应该具有责任心，时刻牢记自己的责任和义务。作为大学生思想政治教育的辅导员，一定不能只单纯的认为自己的工作就是简单的事务性管理，或者是常规的思想教育工作，而应该对辅导员的工作有一个更深层次的认识。辅导员的思想政治教育工作决定了大学生的思想水平的高低，大学生是未来祖国的建设者和接班人，他们寄托了党和国家的厚望，是祖国的未来和希望。所以说，辅导员要树立对学生负责的态度，做好教育和服务大学生的工作，做到不推卸责任，不随便应付，做到对大学生的细心和耐心，以实际的行动来感动学生，激发学生的责任心，克服自私懒惰的毛病，使学生树立不畏艰难、勇于承担责任的品质。

作为大学生的辅导员，一定认清当前中国的形势，明确我国的教育方针和政策，认清大学生在我国社会主义事业建设中的重要地位，坚持用高瞻远瞩的态度教育与培养大学生，把个人的价值实现与社会的价值紧密的结合在一起，认清辅导员的历史使命感和时代责任感，帮助和鼓励大学生努力学习，奋发向上。

（三）辅导员应该具有诚实守信的品质

辅导员在与学生的沟通与交流中应该坚持诚实守信的为人处世原则，真诚地与学生沟通，不摆架子，不说空话，真诚地为学生服务，用真心打动学生，获得学生的信任。同时，辅导员还可以在教育和管理中适时的进行诚信教育，举办诚信活动、或者是征文比赛，从行为和思想上面提高学生的诚信意识。

（四）辅导员应该具有和谐共存的意识

我国一直倡导构建和谐社会，这里和谐不仅包括国与国之间的和谐，不仅包括国家与人民的和谐，更重要的是人民内部的和谐。社会与人的进步都离不和谐共存的意识。

校园是一个小的社会，其中人与人的关系也呈现出一定的社会化特性。辅导员作为大学生中的教育的管理者和服务者，他们与学生和各个组织之间频繁的打交道，这个时候，由于学生的自我意识很强，再加上各种思潮激荡，辅导员就必须正确的处理好不同的关系，从而构建一个和谐的氛围和。辅导员自身首先应该形成和谐健康的心理素质、与他人和谐相处，才能帮助和疏导学生的心理问题，帮助大学生和谐发展。大学生的和谐发展，才能处理好人生的各种关系，才能全面成才。所以说，辅导员在具体的大学生的思想政治教育工作中，应该合理的处理好管理和服务等各种身份的转换问题，一定不要因为对个人身份问题的认识不清所引起的学生与老师，或者老师与老师之间的冲突。

作为高校的辅导员，他们很多的时候都是与青年学生在一起，青年学生正处于人生观、价值观、世界观形成的重要时期，他们对知识的渴求强烈，喜欢冒险、喜欢探索，渴望新鲜的事物。作为辅导员应该从提高自身的职业精神方面出发，提升自身的政治、业务、道德素质，从能力和精神层面做好辅导员的工作。同时，辅导员要不断的顺应时代的发展和变化，不断的更新思想和思路，不断学新技术，坚持理论与实践的相结合，优化工作思路和方法，为大学生的成长成才强化保障。

辅导员的岗位的复杂性决定了，辅导员本身是一个教育、培养、服务人的岗位，同时也是一个加强自我教育与自我完善的岗位。辅导员应该在一定的文化知识的基础上面，不断的进步和学习，以适应工作岗位的需求，同时辅导员岗位也应该有较高的政治觉悟和政治敏感度，坚定的政治立场。辅导员的工作是一份高尚的职业，它要求辅导员在具备基本的职业精神的基础上面，还应该积极学习新知识和新技术，及时的了解新政策，把握辅导员的权利、义务和职责，培养辅导员岗位所需的政治素质、业务素质和道德素质，切实地服务高校改革发展大局，切实地服务大学生成长成才。

第三章　高校辅导员队伍专业化建设及其学科支撑

第一节　高校辅导员职业化与专业化

本节对于高校辅导员职业化与专业化的分析，从辅导员队伍职业化、辅导员队伍专业化、辅导员队伍职业化与专业化建设的目标以及辅导员队伍职业化与专业化的关系进行系统的阐述，进一步深刻地理解职业化和专业化的内涵、特征以及二者之间的辩证关系。

一、辅导员队伍职业化

辅导员工作是一种专门的职业，与教学、科研岗位一样，有着明确的职业要求。因此，辅导员队伍职业化要具备专业化、专职性、稳定性的基本特征。高校辅导员队伍职业化有着比较广泛的内容：一是，职业化队伍的建设；二是，职业化机构的设置；三是，辅导员工作内容地合理规划；四是，职业化精神地培养。

（一）辅导员队伍职业化的基本内涵

职业化是职业素养的专业化，是社会中个人谋生手段的现象，包括了几个层次的含义：一是，从业人员立足社会的凭借，可以终身从事该行业的技能；二是，从业人员一种职业素养的体现；三是，从业人员遵循所从事行业的行为规范或标准。

辅导员是为了对大学生实施思想政治教育、指导学生发展和学生事务管理所设置的专职工作岗位，它的工作集理论性、知识性、实践性为一体是一种专门的职业。要理解辅导员的职业化：首先，明确辅导员的行业是可以终身从事的，可以以此在社会中安身立命；其次，认识到辅导员的工作是一种具有普遍原理和专业技术要求的专门化职业，要求从业人员具有相应的职业精神与职业道德；最后，了解从事辅导员工作的队伍是需要具有明确从业规范、职业化组织和职业标准等制度保证的。

（二）辅导员队伍职业化的特征

职业化分为职业意识、职业道德、职业技能三个部分。辅导员队伍职业化的特征，结合辅导员工作自身的特点和规律，如表3－1所示。

表3－1　辅导员队伍职业化的特征

辅导员队伍职业化的特征	辅导员队伍职业化特征的理解
社会化与专门化	社会需要是某一种职业出现的最根本原因，没有这个前提职业化就不成立。社会对这些职业的从业人员有一些专门的素质要求，这些专门的素质需要经过一定培训才能获得。社会性与专门性是职业的价值所在，要求辅导员工作要形成一个专门的职业，解决专门的问题
标准化与合法化	标准化意味着社会已形成了对从事这些职业的人员比较清晰的标准要求，而且能够通过实际的测量发现他们是否合格，有一定的职业规范。标准化是辅导员队伍建没职业化的具体要求，而合法化则意味着该种职业已经达到合法化程度，官方已经正式确认该工作作为一种职业，并且已进入了一定的职业体系，从而享受最低工资政策的保护，能够维护自己的劳动权益
知识化与学术化	知识化指社会中已有一批人在长期从事这样的工作，并形成了相当的知识经验系统，有一支专业队伍来进行这种知识经验的总结，并达到了一定理论层次，能够作为较成熟的知识经验进行教授，指导实践，意味着该职业已形成了一些内在的标准。学术化是在知识化的基础上，建立从理论到实践的专业团体，形成理论和实践的交流网络，能够从事知识经验的研究者与传播者，还有一定的知识传播手段和工具，能够对社会有效地发布本组织的声音。
团体化	职业是社会的需要，职业工作不是一种个人行为，而是一种社会行为、一种团体行为。搞好辅导员队伍建设的前提，就是必须树立团体意识，发挥团队精神，建立领导机构、工作规范，沟通、交流与合作机制，形成全社会的合力

续表：

辅导员队伍职业化的特征	辅导员队伍职业化特征的理解
理念化	理念化表明某种职业工作的核心价值已经得到确认，并且形成了自己的职业理念。辅导员队伍职业化建设的理念，有工作理念、价值取向等等。为了加强辅导员队伍职业化的建设，首先要构建核心价值，这是实现方向性指导的必然要求，也是其具体的理论表现；其次要建设辅导员的特色文化，成为职业化的柔性指标和辅导员队伍进行自我组织的文化前提
国际化	职业应该是国际化的，从事该职业的团体的学术与工作交流是跨区域的、国际性的，服从知识无边界的规则。作为高校学生工作队伍一部分的辅导员，虽然在不同国家的高校中称谓不尽相同，但其工作实质内容大体是相同的，奠定了辅导员队伍建设国际化的基础。各高校结合实际情况，充分利用国际国内的有利资源，引入国际管理机制和研究方法，开拓视野，实现国际交流与合作，提升辅导员队伍建设的高度、深度与广度

（三）辅导员队伍职业化的标准

1. 辅导员素养的职业化

在职业活动中，辅导员职业道德是辅导员必须遵循的道德规范和行为准则。辅导员作为高校管理育人的主力军，应忠诚于党的教育事业，具有热爱教育事业、热爱学生的深厚职业情感。辅导员在情感上，要以教育为荣，以育人为乐；在教育劳动中，要热情、积极，富有创造力、责任感和进取精神；在对待学生上，要热爱、关注、信任、尊重、鼓励学生，建立良好的师生道德关系。

辅导员的职业意识，表现在对辅导员自身职业的认识、积极的职业情感和优良的职业品质等方面。高校辅导员作为高校学生日常思想政治教育和管理的组织者、实施者和指导者，需要具备学习意识、实践意识、敬业意识、奉献意识、创新意识、竞争与合作意识、效率意识和诚信意识，才能面对思想活跃、政治敏锐、个性突出的大学生。

辅导员的职业心态，分为积极进取、消极倦怠一级介于两者之间的模糊心态。由于高校辅导员的工作强度较大、社会支持度、认可度低等原因，部分辅导员产生了职业倦怠心理，如工作热情逐渐下降，工作态度逐渐消极冷漠，岗位成就感逐渐下滑。虽然出现了职业倦怠现象，但是辅导员作为大学生日常思想政治教育的组织者、管理者和指导者，仍是一支不可或缺的队伍。

2. 辅导员职业化技能

辅导员职业化技能是辅导员胜任工作的一种能力需要，大致包括职业资质和职业通用管理能力两方面。辅导员所从事的是教育人的工作，而这种工作对象的特殊性则要求辅导员应具备多面的能力素质，如表 3 – 2 所示。

表 3 – 2　辅导员具备的能力素质

辅导员具备的能力素质	具体分析
广博的理论知识	大学生是具有一定的专业知识和理论水平的群体，而且他们思想活跃，求知欲强，喜欢探索，这就要求辅导员应具备广博、前沿的理论知识，如思想政治、教育学、心理学、伦理学、管理学、法律等相关的理论知识，及一定的自然科学知识及合理的知识结构，同时还要不断调节，更新这些知识储备。只有具备了这些知识，辅导员才能提高分析、解决问题的实际能力，增强对学生的吸引力和感召力，为大学生提供多方面的指导与服务
语言表达能力	语言表达是辅导员在学生管理活动中与学生进行交流的基本手段，良好的语言表达沟通能力是从事学生思想政治工作的重要手段，调动学生的积极性、主动性、创造性，善于根据学生的个性特点、情绪变化，运用简明扼要、恰当的语言，使学生易于理解，乐于接受
组织协调能力	辅导员作为高校学生管理者，需要负责引导、组织开展各种活动。其工作任务繁重，既要负责协调领导、老师与学生的关系，又要负责协调学生干部之间的关系、学生干部与学生之间的关系，还要整合和开发思想政治教育资源，发挥合力作用，取得良好育人效果。因此，要求辅导员具有良好的组织协调能力
观察思考能力	辅导员要具有全面、多元、细致的思维方式，善于运用逻辑推理与演绎归纳的方法对学生思想作出正确判断，善于发现学生中存在的问题，抓住关键环节，掌握学生深层次思想问题，有针对性地进行教育疏导
创新素质	创新是人类文明发展的源泉和动力。高校辅导员要不断地更新教育观念、转变教育思想，培养自身的创造性思维。对于辅导员的创新主要表现在以下几方面： （1）理念创新 （2）内容创新 （3）机制创新

（四）辅导员队伍职业化行为规范

辅导员职业化行为规范包含职业化思想、职业化语言、职业化动作三个方面的内容，多是体现在遵守辅导员职业要求和学校有关规定上。辅导员职业化行为规范要求辅导员要严格按行为规范要求自己，在思想、语言、行为上更符合辅导员这一身份。

辅导员职业化行为规范多是从处理事务的章法上来体现，由于这些章法是在长期工作经验的积累形成，是学校规章制度要求的，还是学校可通过监督、激励、培训、示范来形成的。

一支职业化辅导员队伍的建设：第一，要有稳定队伍成员，必须受过专门的职业教育；第二，必须具有较高的思想政治素质和职业道德操守；第三，要深刻理解并掌握辅导员的职业道德规范、专业知识以及专业技能。

二、辅导员队伍专业化

辅导员队伍的专业化建设，要求从事高校辅导员工作的人员，必须经过专业化的理论和实践能力培养，掌握专业技能，树立专业意识，在实践加强专业的继续学习和培训，来适应思想政治工作形式的发展变化，达到辅导员工作的实际需求。

（一）辅导员队伍专业化的基本内涵

专业是必须能够承担关键性社会职能的行业，需要具备履行这一专业的专门化知识和技能，而专业人员必须接受高等教育，掌握相应的知识和价值理念。辅导员的专业化则是依托于专门机构和终身专业训练体系对辅导员进行科学的管理和培养，掌握高校德育工作的知识与技能，提高自身的学术地位和社会地位，履行辅导员职责的过程。辅导员队伍专业化的内容不仅包括专业知识的学习，还包括了专业能力和专业品质的提高，以及辅导员自我价值认识的过程。

辅导员队伍专业化是迈向专家化这一目标的必要和基础。只有辅导员队伍建设够专业化，才能让这支队伍具有良好的专业化素养、较高的专业化技能、统一的职业化规范，使辅导员队伍中的每一个成员都成为塑造学生灵魂的工程师，为学生健康成长引路。所以，他们要具有扎实的思想政治教育、心理学、管理学等学科的知识和理论，较高的文字表达能力、心理沟通能力和组织管理能力，成为高校学生工作的专家，成为高校教师队伍中不可替代的力量。

（二）辅导员队伍专业化的特征

由于辅导员素质和能力专业化培养的要求，要实现辅导员队伍的专业化建设，需要注意一下几点：

一是，提高理论素养。专业化培养的中心就是提高理论素养，要求辅导员运用马克思主义的立场、观点和方法分析、解决学生的思想问题和实际问题，使思想政治教育工作的内容和要求落实到学生学习生活之中。

二是，增强职业精神。专业化培养的基础是增强职业精神，要求辅导员从思想上认同辅导员的岗位，以身作则、言传身教，更好地感染和带动学生。

三是，熟悉专业知识。专业化培养的重点是熟悉专业知识，要求辅导员具备思想政治教育相关知识，如教育学、社会学、心理学、伦理学等，还要具备一系列人文学科知识，如美学、哲学等方面的知识。

四是，掌握实践技能。专业化培养的基本要求是掌握实践技能，要求辅导员掌握实践技能的运用，了解学生思想动态，引导学生发展，做好学生组织管理工作和学生事务管理和咨询辅导工作。

（三）辅导员队伍专业化的标准

高校辅导员队伍专业化的标准，如表3－3所示。

表3－3　高校辅导员队伍专业化的标准

划分标准的角度	具体的标准	标准内容
角色定位专业化		教育部在《普通高等学校辅导员队伍建设规定》中指出："辅导员是高等学校教师队伍和管理队伍的重要组成部分，具有教师和干部的双重身份。辅导员是开展大学生思想政治教育的骨干力量，是高校学生日常思想政治教育和管理工作的组织者、实施者和指导者。辅导员应当努力成为学生的人生导师和健康成长的知心朋友。"辅导员不能等同于学校一般行政人员，是专业性强、素质要求高的教师
素质专业化	过硬的思想政治教育素质	辅导员是高校坚持社会主义办学方向和保证高校培养的人才成为社会主义建设者和接班人的最直接教育者和实施者。辅导员要站在思想和文化的最前沿，解决引导当代大学生思想政治方面的各种困惑和问题，要始终坚定有效的引导学生的政治思想融入社会主流意识形态。这就要求辅导员要有坚定的政治立场和高度的政治敏感性，对党在新时期的教育方针有深刻的领会，有较高的政治理论水平和实际应用能力，始终拥护党的路线、方针、政策，在思想上和言行上坚决与党中央保持高度一致

续表：

<table>
<tr><th>划分标准的角度</th><th>具体的标准</th><th>标准内容</th></tr>
<tr><td rowspan="3">素质专业化</td><td>高尚的职业道德素质</td><td>辅导员是做人的工作，其特殊的工作对象要求辅导员要具备高尚的职业道德素质。辅导员要用先进的思想，高尚的道德情操和丰富的科学文化知识培养和教育学生，用自己独特的人格魅力影响和感染学生。
(1）树立起符合时代要求和创新人才培养要求的德育观
(2）注重个人良好品德的培养，注重自身举止和文明修养
(3）具有良好的师德和团结协作精神</td></tr>
<tr><td>较强的业务素质</td><td>(1）辅导员具备较高的综合素质，掌握多种知识技能
(2）辅导员具备较强的教育学、心理学、管理学、心理学、学生事务管理、职业生涯指导等方面的专业知识和实践应用能力
(3）辅导员具有较强的组织管理能力、协调沟通能力、调查研究能力
(4）辅导员具有一定的科研创新能力，在实际工作中，不断总结提炼，提出新思路、新举措</td></tr>
<tr><td>健康的身体素质</td><td>辅导员具备良好的身心健康水平是开展工作的保证和基础。这就要求辅导员要身体健康，应对繁重工作带来的体力消耗，更应具备良好的心理素质，善于调节自己的心理状态，适应不断变化的环境</td></tr>
<tr><td rowspan="2">结构专业化</td><td>科学的知识结构</td><td>辅导员工作需要以多种学科为基础，如思想政治教育原理、教育学、社会学、心理学、伦理学、法学等学科的相关知识，又如一系列人文学科知识</td></tr>
<tr><td>扎实的工作技能</td><td>辅导员要学会运用马克思主义的立场、观点和方法来分析、解决学生的思想问题和实际问题。辅导员要坚持继承与创新相结合，加强工作研究和实践探索，改进方式、方法、手段，增强工作针对性、实效性，了解学生思想动态，做好学生事务管理和服务工作</td></tr>
</table>

续表：

划分标准的角度	具体的标准	标准内容
结构专业化	恰当的年龄结构	辅导员队伍要以年轻教师为主，他们与大学生年龄差距较小，便于交流和沟通，但是缺乏经验和阅历，易冲动，而中年教师具有丰富的生活阅历和工作经验，所以辅导员队伍应以青年教师为主，中青年结合的年龄结构，提高整个队伍的工作效率，推动队伍的专业化进程
	优良的学历结构	对于辅导员的学历结构的要求，辅导员队伍正逐步由本科生为主走向以研究生为主的模式，同时加强了日常学习和培训，将理论与实践相结合，不断提高学生工作的科研水平
管理专业化	建立专业的辅导员选聘机制	辅导员岗位的选聘：坚持高标准选拔，按照政治强、业务精、纪律严、综合素质优良的要求，选拔拥护党的领导，思想作风严明，热爱学生管理工作
	建立完善的辅导员考核和培养机制	从事辅导员工作的人员必须进行严格而系统的专业化培训，建立一套完整的可操作的培训机制，按照辅导员职业化的要求进行全面考核，加强对岗位职责、权利和义务等方面的制度建设，鼓励其向专业化、专家化、职业化方向发展
	建立激励和淘汰机制	为鼓励有良好潜质的辅导员长期从事学生工作，学校要通过严格、规范的考核，对考核优秀者给与评先评优、晋升职称职务等激励，并结合工作需要有序地安排换岗交流或进修学习，对考评不合格者应予解聘转岗
	建立科学的发展机制	加强辅导员岗位培训，支持辅导员学历学位提升，优化辅导员职称评聘，辅导员职务晋升，通过举办辅导员工作论坛、开展专题研讨、组织参观考察、挂职锻炼、课题研究等形式，使辅导员在岗位上达到职半高峰，成就一番事业，实现人生价值。同时，要形成一支专业化、专家化、职业化的辅导员骨于队伍

三、辅导员队伍职业化与专业化的关系

有的人认为辅导员队伍只有在职业化的基础上才能实现的全面的专业化；还有的人认为，只有具备专业化素质的人，才可能成为职业化的人，专业化是职业化的前提和基础。因此，辅导员队伍职业化与专业化之间不仅有区别，还有联系，二者互为前提，密不可分。

（一）职业化与专业化的区别

1. 二者涵义不同

辅导员队伍职业化与专业化的涵义不同。职业化主要是为了培育和完善辅导员队伍的职业体系，主要内容包括队伍建设、机构设置、工作内容规划和职业精神塑造等，分为职业意识、职业道德、职业技能三个部分；专业化主要是依托专门的机构和终身专业训练体系，科学的管理和培养辅导员，使其掌握高校德育工作的知识和技能，主要内容包括提高理论素养、增强职业精神、熟悉专业知识和掌握实践技能等。

2. 二者侧重点不同

辅导员队伍职业化与专业化建设的侧重点不同。职业化侧重于辅导员队伍的激励和发展，重点在于确立辅导员的职业资格、行为和评价标准，形成职业发展机制；专业化侧重于辅导员队伍的培养和培训，是对辅导员内在职业素养、职业技能、职业规范和行为规范上的系统培训，并符合职业标准。

（二）职业化与专业化的联系

1. 职业化是专业化的前提

根据辅导员队伍职业化建设的主要内容可知，只有建立了职业化标准，明确了工作职责，拥有规范的培训体制，使职业通道畅通无阻，才能在此基础上，对辅导员进行培养培训提高辅导员的专业化水平，推进专业化的建设

2. 专业化是职业化的基础

依据辅导员专业化的要求，只有开展辅导员培养培训，促进辅导员专业学科建设和工作研究，才能有利于辅导员职业化发展的推动，建设一支真正职业化的辅导员队伍。

3. 二者辩证统一，密不可分

一是，从产生机制来看，职业化是现代社会的产物，是社会需求的直接反映；专业化是社会需求的理性反映，两者是不可分割的。二是，从发展机制来看，从职业到专业再到职业化，反过来再促进专业化，是一个不断上升的过程。总的来说，辅导员队伍职业化与专业化之间互为前提，互相推动，相辅相成，不可分割。

第二节　高校辅导员制度与辅导员专业化解析

一、高校辅导员制度

（一）高校辅导员制度的含义

对于“制度”这一交叉的学术研究概念，而制度的构建可以从不同层面进行关注，如古希腊的历史学、政治学，到19世纪的社会学，再到20世纪初的经济学、管理学等。“制度”的研究最初进入学者们的视野，是从制度经济学派开始的。百年来，专家学者们对制度展开了广泛而深入的探讨，如对于其含义、构成、功能、来源、变迁等问题的研究。关于“制度”这一词不仅能用在社会层面上，还可以用在具体的组织层面上。

马克思主义制度理论认为：“共产主义所建立的制度，正是这样一种现实基础。它排除一切不依赖于个人而存在的东西，因为现存的制度只不过是个人之间迄今所存在的交往的产物。”①

凡勃伦指出：“制度，实质上就是个人或社会对有关的某些关系或某些作用的一般思想习惯，而生活方式所由构成的是在某一时期或社会发展的某一阶段通行的制度的总和。”②

社会学家韦伯认为：制度应是任何一定圈子里的行为准则。③

经济学家舒尔茨认为：制度是社会中个人遵守的一套行为规则，这些规则涉及社会、政治及经济行为。④

综合专家学者们的观点，我们认为维系社会秩序的稳定需要制度，人们互动关系的约束需要制度，而个人规范也需要制度来塑造。制度的认识，是不能脱离组织，制度与组织密不可分。

（二）高校辅导员制度的基本构成

关于制度基本构成的研究，新制度经济学家道格拉斯·诺斯认为是由正式规则、非正式约束以及实施机制，这三个基本部分构成。

---

① 马克思恩格斯选集：第1卷［M］．北京：人民出版社，1995：150.

② 卢现祥．西方新制度经济学［M］．北京：中国发展出版社，2003：98.

③［德］马克斯·韦伯．经济与社会（上卷）［M］．林荣远，译．北京：商务印书馆，1997：64.

④ 马廷奇．大学组织的变革与制度创新［D］．华中科技大学，2004：

一是，正式规则，是人们一系列有意识制定的政策法规，是人类理性设计的产物，也被称为也称正式约束或正式制度。通常是以语言、符号等显性的形式呈现出来，能够被人们随时补充、修正甚至于废除。

二是，非正式规则，指的是那些没有精心设计，却获得社会共同的认可的不成文的规则，其最早的表现形态是在法律出现前，依靠价值信念、伦理道德、文化传统、风俗习惯、意识形态等非正式制度来构建的人类社会制度，也被称为非正式约束、非正式制度。非正式规则由行为规范、惯例、自我限定的行事准则三部分构成。

三是，实施机制，指在社会现实中正式制度和非正式制度得以实现的一种社会机制，可以确保正式制度和非正式制度贯彻落实的一套监督、检查、惩戒制度。

根据道格拉斯·诺斯对制度构成的阐释，高校辅导员制度也由社会认可的非正式制度和由权力机构制定的正式制度构成。如表3－4所示，制度的基本内涵关系。

表3－4　制度的基本内涵关系

制度类型	主要形式	制度执行的监察者
正式制度	政策法规	行政力量
非正式制度	行为规范	社会力量
	惯例	自我监察
	自我限定的行事准则	行为者个人

（二）高校辅导员制度的功能

一是，制度存在的价值。对整体的社会秩序来说制度是重要的，同样对个体的行为来说制度具有着不可或缺的作用。在制度的规约下，再纷繁复杂的世界终归会平静和稳定的，同时还可以以遵循规则对有限理性的个体作出个人最完美的决策。

二是，高校辅导员制度的功能。经过对高校辅导员制度含义、价值的分析，高校辅导员个体和群体具有的功能如表3－5所示。

表 3－5　高校辅导员制度的功能

功能名称	功能内容
重建导向功能	高校辅导员制度为辅导员群体构建了一个责、权、利的体系，明确了高校辅导员个体或高校辅导员群体在整个高等教育中的地位和角色，并提供了符合其地位和角色的思想和行为模式。这种制度导向，不仅提升了高校辅导员个体和群体对于自身职业发展的安全性，同样也稳固了高校辅导员与大学组织之间的契约关系
重促合作功能	高校辅导员制度为辅导员群体之间的合作搭建起了基本框架，促进高校辅导员的合作，进而实现共赢
重构激励功能	高校辅导员制度可以通过权利的明确、机遇的提供、资源的整合和有效配置为高校辅导员构建激励的机制。激励高校辅导员个体通过自身的努力不断实现自身的成长成才；激励高校辅导员群体通过合力，不断为制度的完善吐故纳新

二、高校辅导员制度下的专业化分析

（一）保证了高校辅导员主体性

一是，高校辅导员主体。就广义主体而言，高校辅导员主体是国家主体、职业主体和个人主体的统一，三者相互联系，共同构成了高校辅导员的主体结构；就狭义主体而言，高校辅导员主体是在高校这一区域具体从事辅导员工作的人，他们是从事辅导员研究必不可少的参与者和推动者。

二是，高校辅导员主体性。高校辅导员作为辅导员活动主体的质的规定性是高校辅导员主体性的本质属性，是在实践中得以发展的自觉、自主、能动和创造的特性，包括辅导员作为活动主体的意识、素质和能力。高校辅导员主体性是辅导员职业发展到主体意识觉醒阶段的产物，是不固定性、前在性的存在，是主体在实践中不断创造生成的质的规定性。

（二）发挥了高校组织主导性

高校组织主导性是影响高校辅导员专业化发展的组织力量。主导性，“从事物本身来讲，是指事物保持其引导的主要方向、方面和重点的特性，即本质主导性；从事物与其作用对象的关系来讲，是指事物具有主要的和引导的作用的特性，即功能主导性。事物的主导性是本质主导性与功能主导性的有机统一，本质主导性规定着功能主导性的性质和方面，功能主导性则是本质主导性的实现条件。”①

高校组织是高校辅导员专业化建设的组织力量，对高校辅导员专业化建设中必须紧紧围绕立德树人，做青年大学生的精神导师；在专业化的建设中，要明确主导目标、主导内容和主导对象。

（三）促进了高校辅导员专业化

高校辅导员专业化是一个相当复杂的发展过程，可以从四个维度对高校辅导员专业化进行考察。一是，从个人维度上，高校辅导员需要制度为自己提供专业化发展的导向，帮助自己理清发展过程中的不确定性，通过个人的决策对专业化发展方向施加影响；二是，从组织发展上，通过高校辅导员制度的设置对高校辅导员的专业化发展施加影响，有以利于其发展目标，为高校辅导员专业化发展提供了条件保障和规则遵循的依据；三是，从时间维度上，高校辅导员专业化发展是无法脱离作为学术职业的历史变迁的影响和高校辅导员个体职业生涯周期的阶段性特征；四是，在空间维度上，高校辅导员制度为辅导员专业化发展创设了外在的条件与许多规约。

高校辅导员专业化发展的基本过程由四个部分构成：高校辅导员专业化发展问题、专业化发展决策、专业化发展结果以及专业化发展的影响因素。可以从以下四个方面来具体考察这四个部分的基本内容及其相互关系。

第一部分，高校辅导员在专业化的进程中遇到的各种问题，使高校辅导员专业化不断得到发展。

第二部分，高校辅导员制度除了是引发高校辅导员专业化建设问题的重要诱因，也是限定高校辅导员专业化决策的重要因素，直接促成高校辅导员专业化发展的重要保障。一方面通过促发高校辅导员专业化建设问题，影响高校辅导员专业化的决策；另一反面直接作用于高校辅导员的外职业生涯为高校辅导员内职业生涯各要素的提升做好准备。

第三部分，作为组织中个人层面的最高决策者的高校辅导员个体，要应对与排解专业化发展进程中的各种问题，不断向目标靠近，制定发展的决策，实现自身专业化发展的夙愿。

第四部分，高校辅导员专业化建设是高校辅导员职业生涯发展中与时俱进的结果。

---

① 石书臣．现代思想政治教育主导性研究［M］．上海：学林出版社．2004：13.

第三节　构建高校辅导员岗位支撑专业与学科体系

一、辅导员队伍建设的思想政治教育哲学基础

“思想政治教育是指一定的阶级、政党、社会群体遵循人们思想品德形成发展规律，用一定的思想观念、政治观点、道德规范，对其成员施加有目的、有计划、有组织的影响，使他们形成符合一定社会或一定阶级所需要的思想品德的社会实践活动。”① “思想政治教育学则是在长期的思想政治教育实践基础上形成、发展和完善起来的，是把人们思想品德形成、发展的规律和对人们进行思想政治教育的规律作为自己的研究对象。”②

在高校，辅导员的主要职责中包括对大学生进行思想政治教育。高校的思想政治教育旨在提升大学政治素质和思想道德水平，最终达到大学生全面发展的目的。现今，思想政治教育已成为高校思想政治教育学的首要研究领域之一。思想政治教育是一项具有鲜明阶级性的社会实践活动。其阶级性主要体现在思想政治教育的实施者是一定阶级意志的载体和传声筒，其传达的内容也在一定程度上和社会主导的意识形态相似。思想政治教育是一项参与教育活动的所有细节过程的社会实践过程。辅导员队伍专业化的建设离不开思想政治教育目的论、过程论、方法论、发展论等要素的参与。

（一）思想政治教育目的论

大学生的思想政治教育因根据其具体实现目的要求的不同，相应地细分不同阶段应实现的小目标。思想政治教育在不同的历史时期、发展阶段，以及不同的学科领域有着不同的要求。现今，在21世纪的高校教育中，培养什么人，如何培养人是实现两个百年梦想的战略目标。

思想政治教育目的论为辅导员队伍的建设提供了方向性要求。所谓的思想政治教育指的是通过开展一定的教育活动，使教育主题的思想和行为符合“四德共育”的价值取向。目的设置的目的是为了保证活动的开展具有一定的动力，之所以设定方向是为了保证活动双方在参与过程中由一定的精神力量作为支撑，从而作为检验活动效果的主要参考标准。

思想政治教育目的是一个由根本目的构成的价值标准体系，其设定的主要意

① 张耀灿等．现代思想政治教育学［M］．北京：人民出版社，2006，第50页

② 张耀灿等．现代思想政治教育学［M］．北京：人民出版社，2006，第7页

义在于改善人们认识主客观世界的局限性，增强人们改造主客观世界的主观能动性。简言之，就是要求人们在实际生活中，要同时具备改造客观世界和主管世界的能力，从而达到提高个人品德、家庭美德、职业道德和社会公德的目标。在举办思想政治教育的活动中，一切活动的开展都必须以“四德”为基础。

（二）思想政治教育过程论

“思想政治教育的过程论是思想政治教育学理论体系的核心，是探讨思想政治教育本质和规律的基本理论。具体是指教育者根据一定社会的思想政治要求和受教育者思想政治素质形成发展的规律，对受教育者施加有目的、有计划、有组织的教育影响，促使受教育者产生内在的思想矛盾运动，以形成一定社会所期望的思想政治素质的过程，并在其中把一定社会的思想、价值观念和道德规范转化为受教育者个体的思想政治素质。”①

思想政治教育过程的理论是对思想教育活动程序和规律的解释和概括。思想政治教育活动是否得以成功开展受到人们对思想政治教育本质的认识程度的影响。在开展思想政治教育活动之前，首要需要解决的问题是分清思想政治教育中的主要矛盾和次要矛盾，并对其做出符合客观规律的分析评价。在社会不断发展的过程中，其特定的思想政治要求和受教育实际所拥有的思想政治素质之间的矛盾构成了思想政治教育的特殊矛盾。人的思想政治素质指的是在一定的主客观因素影响下，个体的思想政治素质不断获得的新的品质。也就是说，个人思想政治素质的形成受到主观因素和客观因素的影响，在该影响过程中，主体把社会的价值、政治观念通过自我建构逐渐内化为自我的思想政治意识，并反映到具体生活行为和实践过程中去。思想政治教育过程的直接结果是促进思想政治教育目标的实现。在实现的过程中，个人思想道德素质的发展需要有一定的价值引导，个人思想道德素质的本质是对特定历史时期社会经济形态和政治制度的反映。“统治阶级的思想在每一时代都是占统治地位的思想。这就是说，一个阶级是社会上占统治地位的物质力量，同时也是社会上占统治地位的精神力量。”②“任何一个时代的统治思想始终都不过是统治阶级的思想。”③ 思想政治教育目标是一定社会意识形态的选择和价值追求，其中包含着在特定时代背景下对个人思想道德水平的期望和要求。思想政治教育者在高校教育中充当的是思想价值的代表者和领路

① 张耀灿等．现代思想政治教育学［M］．北京：人民出版社，2006，第 324 页

② 马克思恩格斯选集：第四卷［M］．北京：人民出版社，1995，第 98 页

③ 伽达默尔．真理与方法［M］．上海：上海译文出版社，2004，第 292 页

人，其所传授的多是以特定意识形态为核心的思想价值。思想政治教育目标的实现依赖于一定的价值环境。总而言之，思想政治教育的开展过程是一定社会环境中阶级意识的灌输和实践，具有一定的目的性和计划性。

在开展高校思想政治教育活动的过程中，辅导员实质上充当的是国家意识形态代言人的角色。尽管他们的行为是以个人的名义进行开展的，实际上却代表着国家的意志，其背后支持的力量是整个国家体系。这就是说，开展思想政治教育主体的行为和目标与国家的政治诉求在实际上具有一致性。实际上，在开展思想政治教育活动之前，必须在现有的思想理论体系规定的范围内开展。在开展思想政治教育实践的过程中，高校辅导员通过积极参与活动的方式，用自己的行动践行思想政治教育的要求和目标，逐渐提高个体素养。

开展思想政治教育的主要意义是提高高校辅导员发挥自身主体性的能力，合理设计人生，并实现自我的建构，从而以主动的态度应对未来的创新。高校辅导员为了实现个人思想政治素质的高度提升，必须端正态度，以持之以恒的信念进行思想政治教育活动。与此同时，高校辅导员也应准确总结和掌握思想政治教育具有的规律性，以对所遇到的困境做出科学的决策。在实际运用的过程中，要求高校辅导员在掌握客观规律的基础上，充分尊重这些客观规律，变被动为主动，使规律为我所用。如在辅导员专业化进程实现的过程中，辅导员要了解并掌握国家、省、校等的政策优势，以积极主动的态度建构主体性，客观分析在专业化进程中自我所面临的不足和优势，积极获取在开展大学组织活动中的主导性，以参加培训、社会实践等方式提升自我，在发挥主观能动性的基础上，逐渐走向专业化的最终目的。

（三）思想政治教育方法论

思想政治教育方法论为辅导员队伍专业化提供了具体方法指导。“思想政治教育方法论，是思想政治教育学科理论体系的基本组成部分和基本原理的具体运用。方法论的科学指导与否和方法的正确运用与否是衡量思想政治教育目标和效果实现好坏的标准。具体来说．思想政治教育方法论是运用辩证唯物论和唯物史观的基本理论，研究和揭示人们的思想形成、发展、转化的规律，实施思想政治教育的规律，以及运用这些规律提升人们思想政治水平和思想道德素质的方法的总和。”①

在实现思想教育目的的过程中，思想政治教育的方法发挥了重要的作用。在

① 张耀灿等．现代思想政治教育学［M］．北京：人民出版社，2006，第362页

现实生活中，因认识角度、能力、所处环境的不同，思想问题的产生也不尽相同。在解决世界观、人生观等价值问题时，尤其需要注意对思想问题的解决。在运用思想政治教育的过程中需要保证其方法的科学性，这事关能否成功完成思想政治教育的任务的问题。

思想政治教育的方法是连接教育者和受教育者之间的纽结。纽结理论（knot theory）诞生于数学的拓扑学中，随着时代的发展，思想政治教育也借鉴了纽结理论。这告诉我们，高校辅导员在工作过程中，只有以积极主动的态度参与工作，在不断实践的过程中发现问题并解决问题，才能获得个人能力的提升。在思想品德形成的过程中，人的心理发挥了关键的作用。高校辅导员在工作的过程中往往遇到人际交往方面、情感方面的问题。为了有效解决这些问题，需要辅导员自身提升自我的心理素质水平，调整自我在工作过程中的状态，更需要总结出适应于发展规律的科学方法，只有这样才能形成良性的互动关系。人只有在实践中才能形成具体的思想认识，才能强化情感、意志和信念，才能不断完善个体的社会化。因此，高校辅导员在开展思想政治教育的实践过程中，要对人的决定因素和方法的中介因素有足够多的关注。在思想政治教育的过程中，要综合考虑到教育背景、教育内容的不同特点，教育对象的不同性质，严格按照针对性、综合性、创造性原则，来制定和选择出合适的解决对策。针对性指的是根据任务的不同，在方法的选择上也要相应地做出调整。综合性指的是在思想政治教育者要在综合考虑思想政治教育体系内各个要素的特点的基础上，选择合适的教育方法。

总而言之，高校辅导员在开展思想政治教育的过程中，必须实事求是，一切从现实出发进行考虑，充分掌握在新时代下大学生出现的新型思想活动特点。所谓实事求是指的是跟进时代的发展，在不断研究新情况、解决新问题、探索新方法的实践过程中，改进现有的思想政治教育方法。在日新月异的时代发展背景下，必须注重创新的重要性，以此保障效果和效益的实现。这需要在传统思维方式的基础上，对方法进行革新，从宏观的角度发现问题、思考问题、处理问题。高校辅导员在开展思想政治教育时，只有以科学理论为依据，坚持创新，才能使思想政治教育保持生命力，充分发挥功用，最终实现其价值。

二、辅导员队伍建设的教育哲学基础

高校辅导员专业化建设具有一定的系统性，在其应用过程中，也在一定程度上参考了与教育哲学相关的理论基础。

（一）人的全面发展理论

人的全面发展理论为辅导员专业化建设提供了理论支撑。在马克思看来，

“人的发展”是其需要关注的重要问题。在《德意志意识形态》、《资本论》和《1844年经济学哲学手稿》中，马克思在不同程度上提到了“人的发展”理论。在《共产党宣言》中总结为“每个人的自由发展是一切人自由发展的条件”。

马克思主义认为，人学的唯一主体是“现实的人”，在此基础上，马克思主义还对人的实践主体、价值主体等内容作了详细的阐述，并认为实践主体是最核心的主体内容。

这里的“实践主体”是指那些能够依据本身的需要，同时依据主观能动性认识和改造客体，从而创造出更适合生存的世界的人。这里指的实践包括两个方面的意义：其一是生产实践，指的是生产者为了改善人与自然之间的关系，从自身需要出发对劳动对象进行相应的处理和加工，从而制作出所需要产品的活动。在生产实践的过程中，主体和客体之间也达到了最佳的良性共生关系；其二是“交往实践”，其关注的是人与人的对象性关系，是期望其得到改善并优化的一项活动。思想政治教育实践是典型的交往实践，从更进一步分析的话，可以认为交往双方是交互主客体关系和交互主体关系。在建立主体和客体关系的过程中，交往双方需要充分考虑其主体性的强弱。这个理论认为，第一，每个人都是交往主体，这些交往主体并没有绝对的主客体之分，只是在能动程度上存在一定的差异性；第二，因主动性领域的不同，主体和客体的划分会出现一定的不同。也就是说，在自主性强的领域是主体，在自主性弱的领域是客体，故在实践交往的过程中，经常发生主客交错的情况，互为主客体和互为主体关系。在对人的全面发展进行定义时，需要首先考虑体力和智力的个体劳动能力的全面发展。这是因为，劳动在改造自然的同时，也对人的自身进行相应的改变，是人的本质力量的核心体现。在马克思主义中，将“现实的人”的第二重主体身份定义为“价值主体”，具体指的是为了自身的更好发展而评判创造客体价值的人。

思想政治教育是党具有生命力的重要保障，对培育、成就、发展人发挥了很大的作用，在进行思想政治教育的过程中，其主体和客体都具有一定的自主能动能力，故可以认为思想政治教育是既具有主客体性，又具有交互主客体性，同时具有交互主体性的交往实践过程。

在高校的思想政治教育工作中，辅导员的作用不可忽视，其主体地位主要包括三个方面：第一，辅导员的思想具有具备一定的先进性、深刻性与创造性，只有在保证了先进性、深刻性与创造性的基础上，才能以理服人，使思想政治教育思想真正贯彻人心。如果辅导员的思想陈腐，则就不具备说服力，无法赢得人心。可以认为辅导员是党的思想政治的代言人，但其不应当是教条主义者，仅仅充当意识形态的传声筒，应当自觉践行党的政治思想，言传身教，使党的政治思想为人所信服和推崇。第二，高校辅导员的政治觉悟必须具备一定的进步性和觉悟性，必须保证政治理念和政策主张的正确性和先进性，以此来对其他人做出指导和启迪。第三，高校辅导员的教育思想必须具备一定的自主性、能动性和艺术性，要积极学习理论知识，在实践中积累丰富的经验，自觉养成高尚的职业风格，在此基础上，依靠教育艺术和人格魅力来积极影响其他的人。在高校辅导员建设的专业化进程中，在注意实现自身和服务对象的全面发展的同时，也要注意协调个人整体和工作职责之间的关系。例如，首先，在开展思想政治教育工作时，最好要获得学生工作部的支持和认可，在此基础上积极参与到思想道德修养与法律基础的教学工作中去；积极主动举行有教育意义的组织活动，始终贯彻与学生的谈话制度，针对日常出现的思想政治问题，展开相应的思想政治教育和引导工作。其次，在建设学风和辅导血压的过程中，有必要取得与教学办公室的密切沟通，同时与实务管理员和学业导师也进行相应的联系交流，以期准确掌握服务主体的学习情况，在此基础上有针对性地开展选课指导，改善学生的学习态度，制定明确的学习目标。再次，在指导群团工作时，要协助院系党总支指导学生党支部建设，于此同时做好学生党团员发展和教育管理工作；要指导党团支部开展党团日活动，要注意这样的活动必须具备一定的时代感等等。通过“交往实践”可以在最大程度上实现自身与周边其他关系的和谐关系，实现与“价值实践”的统一性，从而使自身的专业化水平有一个质的飞升。

（二）生活教育理论

生活教育论是辅导员专业化建设的现实基础。从广义上来看，人类社会可以定义为一个有机体，具备有机体所具备的“扬弃”的机制和功能。高等教育的机制和功能是人类社会所独有的。教育自诞生之初，就具备一定的自我调节和完善的功能和机制。随着教育的发展，高等教育逐渐由最初的精英教育转变为大众化教育，在这个过程中提出了素质教育的概念，这一概念的提出在一定程度上促进了教育理论的创新。陶行知的生活教育理论的提出受到了杜威“生活即教育”观念的影响，相应地具有调节和完善的功能。在陶行知看来，生活教育是“给生活以教育，用生活来教育，为生活向前向上的需要而教育”，也就是 Education of life（生活的教育）、Education by life（依据生活而教育）、Education for life（为生活而教育）。①

① 陶行知．陶行知全集（第一卷）［M］．长沙：湖南教育出版社，1984，第177页

陶行知的生活教育理念首先主张在生活中进行教育，不认可教育与生活脱离的情况。在这里，陶行知的教育理念主张的是建立在生活基础之上，通过潜移默化影响社会中的人的活的教育。陶行知曾在南京晓庄师范成立三周年的大会上提出了“每天四问”，引人深思。其一是“今天我的身体有没有进步?”在陶行知看来，健康是第一要素，主张科学观察和诊断身体出现的状况，要注意改进和调节事物的摄入状况，防止过度劳累，在一定程度上用卫生教育代替医生的作用。其二是“我的学问进步了没有?”关于这一问，陶行知提出了五个原则“一、集、钻、剖、韧”。其中，“一”指的是专一研究自己所学的专业；“集”指的是通过科学的方法收集信息和材料，以在需要的时候为我所用。“钻”指的是在研究中必须深入了解研究的范围和领域。“剖”指的是老师要依据收集到的信息和材料对其进行分析，从而正确地引导学生。“韧”指的就是工作过程中的坚持。我们知道教育工作的成功开展不是一朝一夕的事情，需要长期工作经验的积累，因此，就需要教育工作者在工作的过程中坚持不懈，在不断学习和不断实践的过程中，成长为一个优良的教育工作者。其三是“我的工作进步了没有?”工作进步主要有三个层次的内涵，即“站岗位”、“敏捷正确”和“做好为止”。“站岗位”指的是教育工作者要做好自己的本质工作；“敏捷正确”指的是教育工作者要保证工作的效率和效，采用正确的方法完成正确的事情；“做好为止”指的是必须对一件事情负责到底。其四是“我的道德有没有进步?”对于人的发展而言，一个人的道德是立身的根本。尤其是作为传道授业的老师，更应当以“学高为师，身正为范”作为自己的座右铭。在陶行知先生看来，师德中最重要的是因素是关爱学生，这样才会达到真爱的境界。

陶行知的生活教育理念其次反对以读书为目的的读书活动，其主张的“教学做合一”的理念，也就是说在生活中贯彻教育的理念。陶行知先生认为教学是一项具有系统性的活动，在教学中进行学习也是可以取得进步。陶行知先生认为：“学做合一是生活现象之说明，在生活里，对事说是做，对己之长进说是学，对人之影响说是教。”[①] 陶行知认为社会也可看作学校，教育工作者在开展教育活动时应当以知行统一为主要原则，也就是说，教育者在教育的过程中，要灌输给受教育者马克思主义的基本原理和社会品德规范，从而提高其思想认识水平。在此基础上，要多引导和鼓励受教育者参与社会实践活动，从而培养受教育者的优良品质。德国哲学家康德主张，学校开展的教育活动不能局限于眼前的利益，更

① 陶行知．陶行知全集（第二卷）［M］．长沙：湖南教育出版社，1985，第289页

要从长期发展出发，关注人的思想发展，使人成其为人。在康德看来，学校教育的主要作用是促进人性中潜藏的美的“芽苞”的萌芽，使其朝向健康完善的方向发展。教育工作者在贯彻知行统一原则时，一要保证受教育者必须有正确的动机，二要保证受教育者思想觉悟和道德品质的不断稳定的提升。这就要求教育者在以一定的标准教育他人之前，确保自己践行这样的标准，要积极引导受教育者参与丰富多样的实践活动，在实践的过程中把理论转化为现实。

高校辅导员在开展工作时，需要优先考虑教育价值。教育的主要作用是促进社会文明的进步，它不仅仅是社会活动的过程，也是全人类共同的事业，因此教育没有终点，只要在某一阶段的发展过程中设定相应的阶段性任务。在精英型教育向大众型教育转型的过程中，由于不同家庭社会地位、价值标准和生活方式的不同，学生的思想、行为和习惯也出现了很大的差异性。面对这些差异，高校辅导员必须依照生活教育论，并依据受教育者性格和发展水平的不同，制定相应的教育方式。在教育的过程中，辅导员需要首先了解受教育者的具体情况，然后根据其具体情况，做出分类和分层，具体情况具体分析地展开教育工作，要注意在开展教育的过程中，积极调动受教育者的积极主动性，做出有效的辅导措施。其次需要注意生活教育具有具体性，并不是抽象地存在的。因此要确保受教育者最终受到生活教育的良好影响，就必须先按照他们的个性特征制定出相应的生活教育载体，使其在实践中成长自我。辅导员的教育工作不应局限于仅仅满足受教育者生活上的需要，更要满足其生命的需要，把学生的全面发展作为工作的重点任务。

三、辅导员队伍建设的心理学基础

心理学的主要关注点是人的行为和心理历程。心理学的研究对象主要是人，研究其在不同情境下所表现出的行为方式的特点以及内在的心理过程的特点等。高校辅导员的工作职责之一是负责保证大学生的健康成长，这就需要对大学生的心理状况有清晰明确的了解。

（一）多元智能理论

多元智能理论是辅导员专业化建设的心理学基础。1983 年，美国哈佛大学心理学教授加德纳提出了多元智能理论，该理论主要研究智能及其性质和结构。加德纳认为智能是“在实际生活中解决所面临的实际问题的能力、提出并解决新问题的能力以及对自己所属文化提供有价值的创造和服务的能力”。[①] 加德纳认为智能必须通过学习才能获得。而心理学家班杜拉（Bandura）也同样认为人的大多行为只要通过学习才能完成。社会行为是建立在观察学习的基础之上的。

美国心理学家埃里克森把人的整个发展历程分为八个阶段，其中最关键的是青年时期。在青年时期，人们需要独自面对并解决生命中的重大问题，如择业和婚姻等，同时还要面对来自各方面的压力，如来自父母的期望、同辈压力、同行压力以及个人工作压力等等，从而导致了一个人在扮演不同角色时出现的冲突性和不确定性。由于每个人所扮演角色的不确定性使得自我同一性在一定程度上出现混乱的情况。处于青年时期的个人，在名义上虽然已经成为成人，应当承担一定的社会责任和义务，但由于其工作仍然处于初始期，并不能在完全意义上尽到应尽的义务，因此只能划归为边缘人。通过对这一理论的解读，我们在自我统一性逐渐完善的过程中，要对角色冲突有一定的宽容性。辅导员在开展工作时，要注意在实现社会化的同时，加强自身的修养，在保持身心健康的基础上，培养高效的工作效率和积极的工作态度。要敢于直面工作中出现的困难，在吸收前辈工作经验的基础上，积极建构适合于自己的工作方法，不断提升高校辅导员的专业化水平。

（二）心理契约理论

心理契约理论是辅导员专业化建设的方向指引。心理契约理论的主体框架由美国心理学家施恩（E. H. Schein）教授所构建，后来的学者在此基础上进行了相应的拓展。美国社会心理学家 Robert Eisenberger 依据一定的研究成果，提出了组织支持认知理论，该理论的主要观点指的是组织成员如何认知组织对自己的关心和对自己贡献的重视。当组织成员知觉到组织的支持时，会把互惠作为主要原则，希望用工作上的努力获取组织的资源和对自己的奖励，从而实现自我职业的成功。

职业是具有一定复杂性的动态过程，其主要涉及一系列的行为策略。职业的成功与否受到辅导员性格、能力、价值观、态度等内部因素的影响。与此同时，外部因素的作用也会影响到职业的成败，如家庭因素、组织因素和社会影响因素等等。从整体系统来看，职业的成功与否受到内部因素和外部因素的综合影响，两者是一个有机的整体，不可单独分开来看。因此可以认为组织支持认知是职业

---

① Linda Campbell，Bruce Campbell，Dee Dickinson. 多元智能教与学的策略［M］. 北京：中国轻工业出版社，2001，第2页

成功的一个重要影响因素。

组织支持认知理论包括三个主要方面：其一，在选择支持措施时，要采取具有主动性的支持措施；其二，高层管理者的支持必须为下级所知晓。在具体的管理实践中，高层管理者应对辅导员做出积极的评价，以此来营造出亲切的氛围，并以实际行为彰显对辅导员待遇的关注；其三，取得上级支持。一般情况下，上级是组织的代理人，上级对辅导员的支持措施会使辅导员产生一定的放松心理。在具体的管理实践中，上级对下级的支持性行为应具有一定的公开性，上级对下级的关注，下级在工作中取得的进步和组织成员对上级的评价，应纳入监控机制的考虑范围内。在绩效评价中，需要以公正合理为主要原则，这样才能表现上级组织对组织成员的关心，会在一定程度上激励员工工作的积极性。高校辅导员是与大学生接触最为频繁的工作人员，其自身具有很强的专业水平，学习能力强，心理素质好，在实际工作的过程中，掌握了一定的沟通技巧，因此能够积极引导大学生的全面发展。在帮助大学生成长的过程中，高校辅导员也不断提高了自我的工作能力和人生境界，不断提升了辅导员专业化的水平。

（三）关心理论

关心理论为高校辅导员队伍的建设提供了新思路。随着上世纪八十年达末到九十年代“学会关心”教育思潮的兴起，诺丁斯的关心理论逐渐引起了国内外专家学者的关注，从而为高校辅导员队伍的建设提供了新思路。诺丁斯从女性的视角进行考虑，把关注点主要放在了道德情感上。诺丁斯认为，从一定的程度上看，教育可以认为是道德的。也就说说，所有的教育活动都必须考虑到与道德相关的内容，主要目的是为了在提升受教育者理论理想的基础上，使其在道德层面更好地与他人相遇。诺丁斯认为道德教育主要由四个方面组成，即榜样、对话、实践和证实。她认为关心是一项充满情感的活动。关心的起点分为两层意思，其一是对自己身体、精神生活、职业生活和娱乐生活的关心；其二诺丁斯认为关心的实质是关心方和被关心方的一种关系，其主体是关系而不是人。关心方对这种关心关系的认同和维护是关心关系的形成的基础，与此同时，被关心方的态度也是一项主要的影响因素。需要注意的是，关心主要来源于人们对相互之间依存关系的一种重要体认，并不是强者对弱者的同情。关心的核心意义是对成长的关注。诺丁斯认为关心的本质和教育具有千丝万缕的关系，她认为教育的作用和意义并不应该只从实际经济价值进行考虑，而应该以关心个人家庭生活的幸福为主要切入点。在教育中体现关心的题中之义是在培养个人某个方面功能的同时，充分实现其在其他领域和其他方面的潜能。诺丁斯认为榜样的功能在解释道德教育中的作用中得到体现。在对话开展的过程中，人们之间的关系得到深化，有助于建立一种充满关心的人际关系。在实践过程中，整合关心者和被关心者之间的关系，从而可以得到人与人之间的是一种关心的关系的结论。

同样的道理，高校辅导员专业化的发展也要关注辅导员的精神世界，调动其情感上的积极因素。诺贝斯认为教育是一项充满激情的活动，教育者在讲课的过程中，要展现出一定的非理性精神，只有情感、思想和智慧融为一体，才能保证课堂的生机，才能促使受教育者积极主动接受课堂知识。在高校中，教育工作者应在教育实践中灌注强烈的热情，将理性和非理性结合在一起，与学生展开对话和交流，建构出新型的教育模式，在教学的过程中进行学习，实现教育者和受教育者的共同成长和发展。因此，在高校辅导员队伍建设的过程中，辅导员应遵循关心理论，考虑到个体在发展过程中所具有的差异性，以适应新时代对高校辅导员的要求和需要。

教育工作者的基本特点之一是关心。关心关系形成于一个人成为教师的第一天，这种关系优先于做事和职业的技能。在关心理论中，关心的关系性是关注的核心点。关心关系是建立在尊重的基础之上的，这就要求在实际的工作过程中，辅导员应平等对待所接触到的每一个成员，从而提高辅导员的整体素质，在教育过程中充当大学生的领路人。高校辅导员有两方面的角色，一方面是对大学生展开理想信念教育的主体，另一方面是接受教育的客体。在开展思想政治教育的过程中，大学生是主要的工作对象，辅导员与学生的关系建立在思想政治教育的具体场景中，并通过相互影响成为大学人际关系中最为重要的一种人际关系。这种人际关机使得思想政治教育扮演两种重要的角色，即辅导员的树立的职业理想和大学生的实际成长过程。高校辅导员在工作的过程中应严格按照社会主义核心价值体系的要求，制定工作目标，树立高尚的职业理想。

四、辅导员队伍建设的管理学基础

作为高等学校的基层管理者，辅导员主要负责大学生的教育管理工作。辅导员主要的工作主体是受过高等教育的大学生，因此辅导员在进行工作时，必须懂得和善于运用管理学的一些基本原理，立足于中国当前的基本国情，立足于大学生在实际生活中产生的需求，立足于以育人为本的基本理念，以此来尽力完成大学生的思想政治教育工作，来促进高校辅导员队伍的建设和发展。

在投入工作之前，高校辅导员首先需要明确的是职业的概念。从词义学的层面进行分析，职业由“职”与“业”构成。其中的“职”，其主要含义是社会责任、天职、权利和义务。其中的“业”，其主要含义是从事业务、事业、事情、独特性工作。《现代汉语词典》中“职业”条的释义是“个人在社会中从事的作为主要生活来源的工作。”在组织行为学专家看来，所谓职业指的是组织和个体的心理契约逐渐协商形成的结果。职业生涯指的是一个人在其一生中任职的历程，这其中包括一个人过去、现在和未来的职业发展情况。个人对其职业生涯的态度和展望也被认为是职业生涯的一部分。总而言之，职业生涯为了满足各种物质和精神需求而展开的工作活动，其立足于开发人的潜能，主要代表性标志有工作内容的稳定性，工作业绩的相应评价、薪酬和晋升晋级等一系列的工作变动。

高校辅导员的主要职责是“管理学生”，但不能仅仅局限于“管理学生”。辅导员不仅仅要作为在学校和学生之间传达信息的中介，更要发挥积极能动性，自觉地发挥其在大学生发展过程中指导的作用，引导大学朝着真善美的方向发展，为大学生成为社会主义事业的接班人而做出贡献。高校辅导员在工作的过程中不应局限于日常的琐碎工作，要从宏观长远的角度出发，深层次地思考什么是最有效的工作方法，要多思考、多实践、多总结，确保工作的顺利开展。

（一）萨柏的职业生涯阶段理论

辅导员队伍的专业化建设在一定程度上借鉴了美国萨柏提出的职业生涯阶段理论。萨柏（Donald E. Super）是美国的一位知名的职业管理专家，他以美国的白人为主要的参考研究对象，从而提出职业生涯阶段理论，在该理论中，将人的职业生涯分为成长阶段、探索阶段、确立阶段、维持阶段和衰退阶段五个阶段。高校辅导员在进行职业规划时可以参考借鉴萨柏的职业生涯阶段理论和探索阶段和确立阶段（见表3－1）

表3－1　萨柏模式

主阶段名称	子阶段名称		
探索阶段	试验期（15～17岁）	转变期（18～21岁）	尝试期（22～24岁）
	综合认识和考虑自己的兴趣、能力，对未来职业进行尝试性选择	正式进入职业，或者进行专门的职业培训，明确某种职业倾向	选定工作领域，开始从事某种职业，对职业发展目标的可行性进行实验

续表：

主阶段名称	子阶段名称		
确立阶段	稳定期（25～30岁）	发展期（31～44岁）	中期危机阶段 （44岁到退休前）
	个人在所选的职业中安顿下来．重点是寻求职业及生活上的稳定	致力于实现职业目标，是富有创造性的时期	职业中期可能会发现自己偏离职业目标或发现了新的目标，此时需要重新评价自己的需求，处于转折期

在现阶段，我国高校辅导员的学历的大多是硕士学位，相应地其从事工作的年龄是区间是22～24周岁，处于这一年龄阶段，他们主要思考的问题是“我毕业了怎样走向社会”。2012年上海市教育局曾经就3500名辅导员的基本情况做了统计，该统计数据表明，在这些辅导员中年龄在30周岁以上的有50%，有硕士学历的辅导员占半数以上。可见年龄在30周岁以下的高校辅导员也有50%。对于这部分辅导员来说如何规划自己作为高校辅导员的职业生涯，如何在辅导员的这条人生道路上走下去，如何在工作的过程中提升自我的人生价值，既是辅导员自身需要正视的问题，也是辅导员的上级组织部门需要考虑的问题。当高校辅导员选择这一工作后，首先要对自己的工作角色有一个准确的定位，其次需要对自己的职业倾向有足够多的了解，同时对自己未来的职业发展目标进行实验，因此，督导员必须按照管理学的基本原则指导自己的工作。顾名思义，管理指的是在一定的环境中，为了实现设定的组织目标，而组织、指挥所掌控的资源和材料的过程。在高校辅导员的日常管理工作中，组织目标指的是其负责的班级或者团体等所设定的目标。为了使高校辅导员队伍建设走向专业化，辅导员必须从做好自己的工作出发，对大学生的学习和生活尽职尽责。

管理工作的有效性有两个衡量标准：其一是效率，其二是效果。所谓的有效性指的是组织如何投入较低的成本而收获最大程度的成果。效率问题主要涉及的是组织“正确地做事”，其内涵是正确指导辅导员如何进行工作的问题。效果问题主要涉及的是组织“做正确的事”。在考核高校辅导员的工作绩效时，工作效率、效果、数量和质量是主要的参考指标。高校辅导员在开展工作时，需要考虑到时代背景和所处环境的影响，例如政治环境和文化环境等。另外需要注意的是，高校辅导员以管理学的基本原理和方法作为自己工作的指导时，前提要确保其所掌握和运用的管理学理念与时俱进，要根据环境和服务对象的不同采用不同的管理学方法，这样才能在更大程度上提高工作效率、获得最大的工作效益。

（二）格林豪斯的职业生涯阶段理论

格林豪斯的职业生涯阶段理论为辅导员队伍的专业化建设提供了实施的可能。不同于萨柏的职业生涯阶段理论，由美国心理学家格林豪斯（Greenhouse）提出的职业生涯阶段理论主要关注的是不同年龄阶段职业生涯所面临的主要任务，在其提出的职业生涯阶段理论中，将职业生涯分为职业准备阶段、组织初入阶段、职业生涯适应初期、职业生涯习惯中期和职业生涯保守后期五个主要阶段（见表3-2）。

表3-2　格林豪斯模式

阶段	职业准备阶段（0~18岁）	进入组织阶段（18~25岁）	职业生涯初期（25~40岁）	职业生涯中期（40~55岁）	职业生涯后期（55岁至退休）
主要任务	发展职业想象力，培养职业兴趣和能力，对职业进行评估和选择，接受必需的职业教育和培训	进入职业生涯，选择一种合适的、较为满意的职业，并在一个理想的组织中获得一个职位	逐步适应职业工作，融入组织，不断学习职业技能，为未来职业生涯成功做好准备	努力工作，并力争有新成就，在重新评价职业生涯中强化或转换职业道路	继续保持已有的职业成就，成为一名工作指导者，维护自尊，准备引退

对于高校辅导员职业规划来说，格斯豪斯的职业生涯阶段理论使得高校辅导员重新认知自己的职业成为了可能。每一个在考虑是否任职高校辅导员的毕业生都会思考这样的问题：什么是高校辅导员？其工作的主要职责是什么？辅导员在新入职时，主要依据教育部令第24号中对高校辅导员工作的要求来制定自己未来的职业生涯规划。辅导员主管部门在制定高校辅导员评职称的具体条件时，应当根据有关的文件培养和发展的相关规定，与此同时也要考虑辅导员工作的具体工作职责和任职条件，从而突出辅导员在从事学生工作时的主要特点。为了使辅导员在工作岗位上充分发挥自身的优点和优势，辅导员主管部门在进行岗位分配时也应当考虑辅导员的个体差异，使得辅导员在工作的过程中做到人尽其才，才尽其用。这也同时要求，高校辅导员在任职初期要充分考虑自我的兴趣爱好、职

业技能、人生观、价值观、所能利用的人际资源，也要考虑自我在不同的职业岗位中所具有的优势和不足，对自我有准确的定位，从而对自己所掌握的资源进行整合和处理，确定最适合自己的工作岗位。在这个过程中，要尽量做到在满足自我需求的同时，也能达到组织对其的期望，在最大程度上实现组织和辅导员两方的互利共赢。

辅导员工作专业化的关键在于，要在其日常工作过程中，对辅导员的工作领域进行细致的划分，并在此基础上构建出基本的理论框架和方法体系。这是因为辅导员的工作主体是大学生，其工作性质具有一定的复杂性，为了解决因复杂性带来的工作分工不明而导致的工作效率低下问题，要对辅导员的工作领域进行有效的划分，最终实现专业化。因此，高校辅导员在进行工作时，要注意将其工作本身具有的丰富性和大学生大学生活的常规性有效地进行结合。高校辅导员需要注意的是，其面对大学生，扮演的不仅仅是传播国家主流意识形态的角色，在此基础上更要为大学生的社会化做出贡献，具体做法是要教授大学生在社会中需要遵守的基本道德原则，使大学生在处理人际关系时更加得心应手。一个人的社会化过程指的是在社会中生活的个体，受到社会文化的逐渐内化和相应知识的习得，从一个生物人逐渐塑形为一个具有独特人格的社会人的过程。在社会化的过程中，一个民族所具有的特有文化得到巩固和传承，社会结构也得到也相应的加固和发展，个体所具有的个性也得到相应的完善。在一个人漫长的一生中，社会化过程始终伴随其中。对于大学生而言，大学阶段的生活是其进行社会化的主要时期。在这个时期对大学生进行的思想理念教育不应当仅仅从理论出发，而要注意与大学的生活实际、个体发展和理想等结合起来，将社会对大学生的要求内化为大学生对自我的要求，将社会的主要价值理念内化为大学的自主价值。高校辅导员的主要职责是立足于大学生未来的发展，积极开展教育活动，在此过程中创造学生的生命价值。辅导员在进行日常的工作时，要注意将管理学的原则和理念服务于教育活动的开展，注意将大学生的教育和班集体的建设联合在一起。高校辅导员要对当今时代大学生的生活方式和价值取向有准确的了解，从而将国家主流的意识形态内化为大学生在现实生活中对自己的要求。为了实现这样的目的，辅导员的工作要具有一定的专业性，根据学生在实际生活、学习、成长产生的各个方面的需要，确立适应于多数高校大学生的管理理念。

（三）“三三三”职业生涯发展理论

“三三三”职业生涯发展理论为高校辅导员专业化建设提供了本土化的参照。

我国的廖泉文教授对国内外职业生涯理论的进行了总结，从而提出了“三三三”职业生涯发展理论，该理论将人的职业生涯分为输入阶段、输出阶段和淡出阶段三个阶段，每个阶段又可划分为三个子阶段：适应阶段、创新阶段和再适应阶段。这三个子阶段又可划分为顺利晋升、原地踏步、降到波谷三种不同的情况。

职业生涯发展理论的理论基础是相同年龄阶段的工作成员在职业特征和职业发展任务等方面在一定程度上具有相似性，按照此，可以讲将职业生涯划分为不同的阶段。为了使辅导员对自己的职业生涯有准确的定位，对职业生涯不同阶段的不同任务和相异的发展趋势的正确认识有很大的必要性。这样同时也可使得高校在任用辅导员的时候可以人尽其才，避免不必要的人力资源浪费。辅导员职业发展阶段的主要工作成效受到辅导员年龄和职业阶段的影响。“三三三”职业生涯发展理论的主要作用之一是使得辅导员对自己职业有一个准确的定位，从而更好地实现其职业理想。在实现自身职业理想的过程中，高校辅导员尤其要注意将自身的年龄发展轨迹和其岗位的主要职责相结合，在这方面，复旦大学包涵辅导员的做法可作为典范。包涵在任职高校辅导员的四年间，坚持用给学生写周记的方式实现与学生的沟通和交流，在写周记的过程分享自己的生活感悟和体验。在2001年9月和2005年6月这四年间，包涵共撰写了150余篇周记，其中一些精彩的体悟被广为传播，冠以“包涵锦言”称号。这些周记在与学生的沟通交流方面取得了很大的成就，因此包涵获得了2007年度全国高校优秀辅导员的称号。在教育部的敦促和指导下，这些周记以《包涵心语》的书名得以出版，时任教育部部长周济“建议全国大学生思想政治教育工作者，特别是一线的高校辅导员同志认真读一读”，可以推进高校思想政治教育工作的创新。

第四章　高校辅导员队伍建设的机制完善

第一节　辅导员工作职业准入机制分析

高校辅导员是高校教育中必不可缺少的有机组成部分，同时也是大学生能够切实有效的进行思想政治教育的中流砥柱，他对大学生心理健康成长起到了重要的作用。高校辅导员他们不仅仅是学生学习的榜样，不仅仅是学生学习的教育者，同时也是学生日常生活和心理健康成长的监督者，他们与学生之间亦师亦友，因此，高校辅导员的队伍建设直接的关系着高校教育成功与否。在加强高校辅导员建设的同时，我们一直致力于建设一支高素质、专业化强的队伍，它是高校教育的关键。要想建设一支高素质辅导员队伍，首先就必须严把质量关，尤其是在辅导员的选聘环节，这是培养高素质队伍的首要环节，是辅导员队伍建设的基础。

第二节　辅导员工作职业准入机制

辅导员工作的准入机制涉及到辅导员的选聘工作、录用工作，做好辅导员的选拔和录用工作，才能长期有效的开展大学生的思想政治教育工作，这两个方面是相辅相成的。下面我们具体的从辅导员的选聘方面阐述辅导员工作的准入机制。

一、辅导员选聘工作的意义

高校的辅导员的人才的选拔直接关系着高校的整体教育，它具有重大的意义。首先，他决定了能否招到合格的、优秀的人才进入高校中工作，这对高校的思想政治教育的影响是深远的，其次，选聘的人才直接影响着学生的教育工作，如果挑选的人才正好符合职位的需求，那么后期的教学工作就会很容易的开展；最后，选聘工作的合理开展，会影响着整个队伍的发展，以及后期的学校的整体的管理工作。

从普遍的高校辅导员的选拔工作，我们可以看到，很多时候我们只重视对选聘者的学历和知识，而往往忽视了对应聘者的能力以及在未来工作中的潜力，这样的做法是不符合实际的要求的。高校的辅导员的岗位特点是解决实际的问题的，应该重视能力和技能的要求，这直接决定了必须严格管理辅导员的选聘及准入工作。

二、制定辅导员选聘工作计划

辅导员的工作准入机制首先的决定性因素就是对辅导员的选择人员的计划的制定，这里包括选一下几个方面：时间、人群、规模。

首先在选聘的时间上面，因为辅导员的流动性大，而且还必须经过一定的培训才可以上岗，因此对于选聘工作选聘部门应该提前学合理地确定选聘时间，一般来说，大学生应聘辅导员的人数较多，鉴于毕业生的就业情况，辅导员的选聘工作应该提前。按照往年的惯例就是在每年的1、3、4月份选聘。

其次在选聘的人群上面，对于选聘的人群的范围方面，我们就要考虑选在多大的地域范围内进行选聘。一般情况来说，我们的辅导员是呈出全方位，多样性的特点是比较好的，所以，在选聘的时候，应该考虑到人群的多样性，这样可以避免选的人都是一个类型的，多样性的选拔是从各个地方、各个学科、各个学校之间进行选拔，这样可以加强文化之间的沟通和融合，有利于辅导员之间的相互学习，提高整体的辅导员队伍素质建设。

最后在辅导员选聘的规模上面，规模大，选的人多，规模小，说明选的人应该是较少的，辅导员的选聘是按照梯子型的结构进行选聘的，它分为若干个阶段，以每个阶段的人数比例来确定选聘的规模。

如果说需要100个辅导员，面试与录用的比例是2：1，那么就需要200人来参加面试，选聘的规模就是按照这样的方法进行的。

三、辅导员选聘的来源和方法

（一）选聘来源

对于辅导员的来源我们一般考虑是就近的原则，对于来源的选择，首先就是考虑到从从学校从事思想洽教育课的教师中选拔，因为，他们首先已经是教师，而且还是思想教育的老师，他们已经有了个人基础，在加上平时已经和学生联系上我比较好，所以是合适的人选。还有的就是从本来就是学习思想政治教育的学生中选择，这些学生已经学习了教育学、心理学、社会学、政治学、经济学、美学、法学、管理等多方面的知识，而且，思想政治学是一门融会贯通的学科，它涉及的知识面广，所以，挑选这些专业的学生可以把他们学的知识直接地运用到实践中。还有的就是选留优秀科毕业生担任辅导员工作。

（二）选聘方法

选聘方法直接关系着选聘的来源和人数、综合素质的问题，一般有广告招聘、中介机构招聘、新媒体招聘、直接招聘等。其中还必须设置一系列的选拔工作程序。

1. 确定选拔录用系统

选拔录用必须按照一个体制来进行，必须保证每一个面试者都接受了一样的测试。只有这样才能在同一标准下进行评价。

2. 选拔录用的程序

选拔录用工作一般来说要按照一定的程序来办：首先要先看看应聘者的个人简历是否符合辅导员的工作职责，如果符合的话，就进行考核和测试，测试合格后，就必须核实个人情况的真实性，如果可以就必须进行试用期的考察，最后才能确定是否正式的进入工作中去。这其中的一系列的过程包括知识和能力的测试，还有个人兴趣爱好的测试，还有就是个人表达能力的测试，其次是具体的工作的测试，最后的面试环节也是必不可少的，而且还是综合的考察一个应聘者的环节，它直接决定了应聘人员是否合适辅导员工作的环节。

（三）远拔标准

高校辅导员应该具备的标准是，第一应该是具备一定思想政治教育或者与思想政治教育有关的专业学科的背景，第二是应该具有一定的学历要求，有扎实的学科知识、高尚的道德情操、喜欢大学生的教育，喜欢与学生在一起，最后是必须具有一定的职业素养。拥护党的领导，政治敏感性强、纪律严明、作风优良。其实，这只是对辅导员的一些实质性的要求，也是基础的要求，在实践中，对辅导员的选拔要根据情况适时做出调整。下面是对多地的辅导员做出的一个统一的梳理，我们可以看出高校辅导员选拔条件有如下六个方面的特征：

1. 政治觉悟高

对于高校的辅导员的选拔，我们一般比较倾向于是党员或者是预备党员的人的选拔，因为他们的政治立场坚定，思想水平较高，觉悟高，而且在思想上面和知识水平上面都学习和受到正确的先进思想的学习和熏陶，他们都具有马克思主义理论水平、较强的责任心和奉献精神，所以，在具体的工作中，他们能够发挥自己的这些能力和精神，更好的做好工作。

2. 学历要求高

对于高校辅导员的选拔一般要求的学历比较高，主要是硕士研究生。除此职位，有些学校不但要求具有硕士及以上学历和学位，而且要求是全国的 911 和 285 院校毕业的学生，对学生的学历要求真的是很高。还有些学校招的的是博士研究生。

3. 综合素质高

大多数的高校辅导员应该具有较强的的综合性素质，这里的综合素质主要包括：第一、全面把控的素质，这个素质主要涉及到能够承担一定责任的能力、具有综合的办公的能力、富有组织领导者的魅力、有一定的抗压意识；第二，应该具有较强的沟通和交流的能力、能够与上下级之间愉快的交流、具有写作的能力；第三，辅导员必须是优秀的毕业生，应该具备大学生所必备的职业资格证，比如英语四级、普通话标准等相关的证书；第四，是学校内的主要大学干部的，在学校获得了奖学金和有过学生干部荣誉称号、没有受到学校的处罚的；

4. 年龄不能太大

辅导员的人员的年龄不能太大，从高校的研究生的的年龄的严格限制中，我们就可以看到对于辅导员的选择也应该遵循年轻化的原则，不能让年龄太大，这会妨碍辅导员的实际工作和工作的有效性和价值性。

5. 专业性要求高

对于辅导员的选择方面，有些学校没有明显的限制，但是对于著名的高校的辅导员的选择方面会第一考虑到应该与辅导员相关知识学科的学生的考虑，有关辅导员的相关的学科有政治学、心理学、管理学。如果说有相关学科的专业背景的话，在辅导员的应聘方面会占很大的优势。

对于高校辅导员选拔的标准是有一定的科学意义和现实意义的，它在选拔辅导员的方面也起到了一定的作用，但是也有很多的地方需要改正，比如过度的强调辅导员的年纪问题，这会造成年龄过小会缺少实际的工作经验，同时也不能随机应变的解决问题，如果找有一定年龄的人来做辅导员，首先他们有一定的阅历，知识和经验都很丰富，在加上年龄大，让学生有一定的信服度，同时他们自己会有一种把学生当孩子看的，会更加的对学生教的好。专业方向的硬性要求，也是不太好的，因为辅导员的有些工作，甚至大部分的工作不仅仅是就是思想政治教育的工作，它还涉及很多学科的知识，所以，太多强调专业化的要求也是不正确的。

四、选拔机制

（一）笔试

笔试是辅导员选拔的第一环节，这一环节主要考察的是辅导员的文字写作能力、知识的储备、以及学科之间的穿联性的能力、以及是否可以解决现实问题的能力。考试的试卷可以涉及很多的方面比如历史、科技、文化、政治、自然科学等学科的知识。还有一些具体的涉及到辅导员工作的知识，比如党的基本方针政策，还有就是国家领导人的治国理念，还有就是国家的相关的法律条文、政策方向，还有就是涉及到能够担任高校辅导员所应该具备的基本知识、能力、技术等。

（二）面试

面试是笔试后的一个环节，这是对笔试通过人员所做的考试，面试的考官一般是在辅导员教育方面有相关经验和学识的校内外专家，这个过程主要是面试者表现自己随机应变能力的时候，也会考察面试者的表情、面容的时候。考官给面试者一个具体的问题，让面试者尽情的发挥，在面试之后，考官根据面试者的笔试、面试情况择优确定人选。

（三）职业能力测试

职业能力测试是对应聘人员进行的在辅导员具体工作的测试，它是选择辅导员的重要依据。

（四）演讲与心理测试

除了上述的方法外，演讲也是选拔辅导员的一个重大的机制，演讲的主题随机决定，临场发挥自己的表达和论述能力；心理考试也是表现一个人是否能够适合辅导员工作的一个考核标准。

五、高校辅导员选拔机制的关键变量评价及优化

对于高校辅导员的选拔方法上，我们可以看出是比较完善的，但是对于一些具体的方面还是很不足，比如，年龄方面、兴趣爱好方面、综合素质方面等，对这些方面的规定还是不够合理和全面的。

（一）过于强调学历而忽视了能力

我们知道，高校辅导员日常的工作，是一个个具体性的实际的工作组成的，它是一项实践性很强的工作。如果仅仅有在学校学习的知识是远远不够的，知识只是道理与理论的解释，而技能和经验需要在实际的工作中才能体现和掌握。辅导员的工作不只是学历和知识的考察，同样它需要一个全面的综合素质很高的人

来胜任。，高学历不等于高能力，学历高的应聘者不一定能很好地做好辅导员的工作。

（二）缺少自我认知的考察

我们常说兴趣是最好的老师，所以在选拔高校辅导员的时候，我们也应该从兴趣者方面考虑。通常都情况下，我们考察和看重的是应聘者的知识、能力、学历的考察，总是忽视对应聘者内心真实想法的询问，不知道他们是不是真的愿意和真心想从事这份工作。对于任何一份工作，有热情才可以干好。如果说没有这方面长期的发展计划、缺乏长远的打算、没有对自我一个全面认识和对辅导员工作的全面把握，还是不要选择这样的人为好。如果选择了知识丰富、能力良好，但是没有对辅导员工作的兴趣，这一方面会丧失了更加适合的人才，同时也会造成辅导员工作长期发展的内在动力，这对辅导员整体的工作，对大学生的教育也是不公平的。

（三）选拔的标准和程序欠合理

对于选拔辅导员的时候，通常就是按照一贯的政治性的统一标准来进行的饿，这是一个大的比较宽泛的标准，缺乏针对性，对选拔者能否胜任辅导员岗位体现不充分。其次就是选拔程序方面，大多的辅导员选拔程序上分为资格审查、笔试、面试三个环节，这三个环节仅仅体现了应聘者的某一方面，不能对应聘者开展更为深层次的、准确的、全面的考察，所以对于后期的选择也会失去一定的客观分析。

（四）选拔人员缺少专业化素养

辅导员选拔的工作人员，很少是经过专业的培养的，他们通常都是人事或者学校的管理部门、纪委中经常工作的人来组成的，他们往往都是临时的组织起来的，没有相关知识和培训技能，不能对选拔的人员有一个准确而严格的标准，这样选拔出来的辅导员，后期也是难以胜任辅导员工作的。

（五）对于辅导员选拔工作的改进

1. 制定全面的辅导员招聘计划

首先是应该把人员与职位相匹配，职位需要什么能力的人，就选择什么样的人来胜任，严格匹配度。其次，严格管理各科辅导员的匹配计划，什么学科的辅导员就选相对应的专业和能力的学生，切忌笼统、混淆没有目标。这样做的好处就是专业化与专业相适应。最后，就是制定一个合理的选拔程序，一切工作的开展都是在这个。制定一个详细的选拔程序，这样可以提高选拔工作的效率性、统一性，确保选拔工作的效率和质量。

2. 确定辅导员所具备综合素质

辅导员的综合素质包括：语言力、沟通力、协调力、关爱力、创新能力、观察能力、职业忠诚感、思想道德修养、心理辅导能力、反省认知能力、个人魅力、理解和尊重学生、原则性和参与能力等。还有就是具有较高政治觉悟的政治素质、良好工作生活作风。人生观、世界观、价值观符合辅导员的基本道德规范。

3. 设定对辅导员培训制度

培训期间就是试用期的时间，对于辅导员应该具有一定时间的培训和试用期，这是考察应聘者是否胜任辅导员工作的关键，通过具体的培训，判断其是否适合辅导员工作，这对学校和个人都是比较有利。在培训的时间内，能力合格的方可担任辅导员，能力不具备的不能担任辅导员。

第三节　学生工作、教学与科研工作机制

辅导员作为大学生的思想政治教育的管理者和服务者，他的主要的工作内容和方向就是做好学生的辅导工作，这里包括学习管理、生活管理、教学管理、科研管理。

一、学生的日常工作

辅导员可以根据学生的自身提特点，多组建丰富多彩的校园活动，这类的活动要针对大学生的整体进步和发展，涉及到相关身心发展特点的内容，这样的活动能够激发学生对职业生涯相关问题的兴趣，并解决学生的一些共性问题。这里举出~些活动形式的实例作为参考。

（一）职业生涯的课程与讲座

作为学生的辅导员，辅导员对学生的教育不仅仅要涉及到知识、技能的教育，同时，也应该时刻关注学生毕业后的去向问题，辅导员除了教授与职业相关的知识外，还可以定期的约请相关职业教育的老师，以开展讲座的形式来对学生进行培训，讲授职业相关的知识。同时，还可以约社会上的知名企业的领导到校园内部讲授企业相关知识和招聘的知识，有针对性地补充学生的职业知识。

（二）社团活动

辅导员可以定期的让学生根据其自身的优势和兴趣特点，自觉地组织一些活动或者社团，鼓励学生参加社团中，在社团中学生能够发现自身的优势，并发展自己的优势，比如职业发展协会、创业者协会、投资理财协会、计算机爱好者协

会等。这些社团活动的开展，可以拓展学生的职业认知和生涯规划视野。

（三）学长经验分享

学长的经验对在校生有着很大的影响，他们的经历和体验使他们以前经过的大学生活，和现在的大学生接近更贴近，作为辅导员可以邀请不同年龄、不同专业、不同职业的学长或者学界给学生定期开展学习交流。

（四）实践性活动

作为辅导员，应该坚持教学与实践相结合的方式，辅导员可以设计一些现实性的职场场景，让学生在校园内接受面试的培训、职场面对问题的解决情况。

二、个别辅导

对于个别问题，要特别的对待。每个学生有时候可能遇到的问题是不一样的，职业生涯辅导的过程中，辅导员应该根据学生遇到的实际情况，具体问题具体分析。辅导员日常的生活中与学生经常的接触，由于年龄的相近，他们更容易获得学生的信任，因此，在学生遇到困难的时候，学生首先想到的是辅导员。因此，作为辅导员应该有随机应变的能力，同时也应该有耐心，随时接受学生的咨询。

（一）明确角色定位

辅导者在学生的工作中是起到引导、咨询中的作用的，他们的主要做是提供给学生各种各样的思考点、思考的角度、提供职场生存的方法和信息、缓解其情绪的作用。作为辅导员不能代替学生作决定，最终的决策一定要由学生自己做出。。

（二）与学生做好沟通

大学的学生普遍的自尊心特别的强，他们很多时候遇到了问题也不愿意向老师说，所以，在这个时候，辅导员可以与学生建立一种亦师亦友的关系，放低自己的姿态，与学生真诚交流沟通，把他们在专业实习、创业实践、职场体验中的问题都问出来，然后对其个别辅导，深入进行。

（三）把学生放在中心

很多学生的自我意识比较强，这个时候，辅导员要在充分尊重和与学生沟通的过程中，考虑学生的感受，理解和鼓励学生的各种想法，即使想法不符合常理，不正确，也不应该否定他们，应该从侧面来引导他们，帮助他们找到正确的方法和思路，让他们在根本上面找到问题的思路，尊重其个人价值。

（四）咨询的深度性理解

对于与学生的沟通，这也是一门艺术性的问题，有效的咨询技术能够更好地建立信任感并推动咨询的深入，如共情、倾听、理解等。同时，对于一些有心理问题的学生，辅导员应该时刻的注意，不能忽视，对于个别思想偏激的学生，辅导员应该及时的疏导，是在是做不好的，可以约请相关的专家进行解决。

三、团体辅导

团体辅导是相对于个体辅导而言的，它是以组织一定的学生量进行统一的培训和辅导的情况。团体辅导主要是通过情景式的教育方法，让学生都参与到情节中去，在情节中通过角色的扮演、随机应变的能力、思维的方法、语言的表达、经验分享、行为训练等方法来提高学生的综合素养。同时，良好的团体活动的氛围有助于使学生们开放并包的环境中形成自己正确的人身观、世界观、价值观，通过感受别人的体验，来从侧面来反省和认识自己、分析自己，这个过程不仅是一个充分认识自我的过程，同时也是与同学建立良好关系的时候。

团体性的辅导，不仅可以让学生在互动中掌握相关的职业知识，还可以在过程中培养个人的职业素养，同时锻炼自己的人际沟通能力、团队的协作能力，最重要是个人的表达能力。团体性的辅导可以让学生在其中获得积极体验、愉悦身心，但是在团体活动的过程中也应该注意到几点：

首先，团体辅导的人数上面，一定要有所控制，不能人数过多，时间也不应该太长，人数过多，就会造成拥挤，不能全面的顾及学生的感受，达不到好的效果，时间过程，学生的耐心和积极性就会被消磨掉。其次，在空间选择方面，应该找舒适和宽敞的的场地，提高学生活动的热情，好的环境会起到事半功倍的效果。还有就是关于辅导员自身的，辅导员作为学生学习的模范，首先必须自己的知识丰富、经验丰富、这样才能教学生，辅导员一职业是近几年来才流行的，所以，辅导员老师有些还没有能够很好的掌握该领域专业知识和技巧，这就要辅导员主动加强学习，掌握辅导的方法和技巧，为做好团队辅导的准备。最后，辅导员要充分发挥自己的主观能动性，整合校内校外的一切资源，加强沟通和联系，运用创新思维的方法，将各种活动和实践与学生的学习生活相联系，从而达到协助学生实现生涯探索的目标。

四、实践活动

实践活动主要是要求大学生对未来的职业有一个更加清楚和准确的认识。大学生进入职场之前，应该首先对职业、行业、公司都有一个全面的认识，这可以为其后面的有针对性的学习提供借鉴。兴趣是最好的老师，通过实践活动，学生可以找到自己感兴趣的职业，从而在这个行业发挥自己的聪明才干。参加职业实践也可以让学生积累一定的经验和技能，为未来的毕业能尽快的适应社会作铺垫。大学有四年，时间充裕，作为大学辅导员应该通过各种形式来开展职业实践活动：

首先就是可以去各行各业进行参观，学生去企业参观，可以让学生与企业的工作人员和领导进行沟通和交流，从他们的身上学习与企业相关的知识和经验，这样也了解了企业，还有就是进行企业的实践，利用休息的实践，学生自觉的去企业中进行相关职位的实践，切身感受公司或者企业中的办公程序和环境，这些都是为了大学生毕业后能够更快适应工作的先前准备。但是，在这些学习和实践的时候，作为辅导员，应该严格把握一个尺度，不能对学生过于的放纵：

第一，要恰当的安排好专业知识的学习与实践活动之间的时间安排，知识和实践两者不能放弃任何一个，专业知识是学生开展职实践的基础，实践是对知识的运用和深层次理解。知识和实践必须同步进行，只有正确处理好两者的关系，才能使职业实践活动更加富有成效。

第二，学生在学习专业知识和职业技能的同时，辅导员也不能忘记对学生综合素质和能力的培养，我们常说，做事先做人，人做不好，事也难做好。综合素质包括有：学习能力、沟通能力、协作能力、服务能力、随机应变能力等。

第三，放正心态，实践是为了以后工作中能够跟更快的上手、积累经验，所以，学生应该端正自己的实践性的心态，不要看重金钱，应该看重在工作中学习到了什么，工作中要注意的细节，不怕吃苦，主动找活干，了解工作氛围，提高人际交往与沟通能力等。

辅导员作为学生的指导性老师，应该针对学生具体问题具体分析，针对其个人的性格特点和兴趣爱好，帮助其推荐适合其的实践活动。同时，也应该提示学生在实践中应注意哪些方面的问题，实践结束后及时的总结，如何总结。

五、具体学生工作

（一）全面认识“自我”

全面的认识“自我”，这里强调的是全面，同时也强调的是“自我”，全面包括是对自己的价值观、兴趣爱好、个人能力等的全面和准确的认识。我们通常说，工作必须适合自己，自己才能干好，所以，对自我进行了解和认知，这是职业发展的起点。对自己的认识越深入、越清晰，就越能够了解自己的所需所能，从而在纷繁的职业环境中找到适合自己职业。职业生涯辅导中，辅导员应帮助学生客观正确认识自我，了解自我的价值观、兴趣、性格和能力。

一个人的价值观具有一定的支配性、指导性、同时其自身也具有一定的稳固性的特点，它是在个人成长中受到环境的影响而形成的。价值观的养成，直接的决定着人们的意识，意识又决定着行为。所以说，价值观对学生的成长方向、精神行为起着非常重要的决定性作用。对于职业发展中遇到的困惑和困难，很多也是与个人价值观密不可分。所以说，作为学生的辅导员，应该从价值观方向帮助学生树立正确的价值观，这个价值观包括个人的成长、学习方向、职业方向的问题，帮助学生权衡工作报酬与稳定性哪个因素更重要，并在选择中坚定自己的决

一个人的兴趣在哪里，他的工作努力度就在哪里。如果在一份工作中有兴趣，那么在这个工作中就能获得个人的愉悦感，同时为其后续的工作提供强有力的内在动力，而且他也会在这份工作中发挥自身的优势，激发自己的创作激情和动力，更甚至是，如果喜欢这份工作，无论多么大的压力，也都觉得是一种享受，享受其中克服困难后的胜利感。

对于现在的很多大学毕业生来说，兴趣几乎没有，四年的大学生活，很多学生要不就是混迹在社团中找乐子，要不就是浑浑噩噩的度过校园生活，要么就是忙于兼职赚钱，等到大学毕业后，却发现没有自己的爱好和特长，从而在找工作方面没有目标和方向性。所以，辅导员应该帮助学生发现自己的兴趣点，发现自己的爱好，从而帮助学生进行长期的发展，进而向职业性的方向发展。特性格是指一个人区别与其他人的个人特点，性格包含着人对事物看法、以及个人的行为习惯。爱说爱笑的比较适合销售性的、灵活性的、与人打交道的工作。不善言语的人则可能更适合统计、文字等需要思考的工作。辅导员就要根据学生不同的性格，帮助其寻找与其性格形式应的工作，同时，不断的修正和充实其个人的性格，争取做到完美。

能力主要是一个人能做什么？这里包括先天的能力和后期的技能两类。辅导员应帮助学生准确的认识自己的先天能力和客观的技能，帮助学生利用好自己的天赋和特长，鼓励他们多去实践中锻炼自己的能力和技能，发挥优势，鼓励创新，同时也可以为学生创造条件、整合资源，同时开展有针对性地开展相关通用技能培训，以拓展学生能力的提升空间。

（二）认识人的“环境”

一个人所处的环境包含了很多方面，这里有国家社会的大环境、政治经济环境、家庭环境、行业环境等。现在对于大学生的的未来职业构建来说，一个人的职业与社会环境、职业环境、行业环境有很大的关系。不同的环境有对学生的不同要求，所以，大学生应该充分认识自己所处的环境。

一方面，对于国家的大的环境的认识，这个大的环境包括政治环境和经济环

境，其中政策性是导向，这期中对大学生起着重要作用的就是大学生的就业政策的认识。国家的就业政策在不断的改革，这需要学生能够不断的认识和适应，根据自己的特长、目标和理想选择职业。有些大学生由于本身的性格或者是学习，或许是家庭的原因，对于未来的就业会有很多悲观的认识，这种认识会影响自身的职业发展定位，因此，辅导员就应该从大局上面深入的向介绍当然的就业形势，帮助学生分析环境、政策、专业、以及学生自己，帮助其找准自己的求职定位。

另一方面，辅导员自己对企业和岗位已经有了一定的的认识。这时辅导员就应该从自己的自身经验中帮助大学生充分了解应聘单位的企业文化和理念，以及帮助大学生分析这个企业未来的上升空间，以及自己在这个公司是否可以实现自己的个人价值，同时，也应该指导学生在这个公司中应该学习哪些技能和知识，引导大学生树立终身学习的观念，提高人际沟通力、实际操作的能力等综合素质，以缩短适应期，尽快适应工作。

（三）树立正确的人生目标

大学里面的每一个专业，都有自己所要培养的人才方向，大学生所进行学习的专业，都会在未来的工作和生活中让他掌握某一方面的基本知识和技能，专业和技能是辅导员辅助大学生进行职业设计的基本点。一个公司招人的出发点也是学生在校学习的专业和特长，这也是大学生设立人生目标的依据。

作为辅导员，应该根据大学生的兴趣、爱好、特长、能力、帮助大学生树立争取的人生目标。如果说，职业与兴趣和爱好相适应的话，个人就会发挥自己的优势和特长，更好的做好工作。这就要求辅导员引导大学生把自己的兴趣向职业方面靠拢，或者是职业向兴趣方面靠拢，争取做到兴趣与职业的结合。还有就是告诉学生，争取在自己未来的工作中培养新的兴趣。

作为辅导员，对大学生的就业形势应该有一个更清楚的认识，所以，辅导员应该鼓励大学生争取做到人生目标和社会目标的相适应。个人是集体中的一员，职业活动是一种社会的活动，必定受到社会活动的约束，大学生在选择职业的时候应该坚持社会利益与个人利益的统一，要从长远的方面考虑，个人需求满足社会需求，所以，在选择职业的时候应该尽量在满足个人成长目标的时候，也适当的适应社会整体发展的目标。辅导员应该从社会的角度尽量的指导学生的职业与社会责任相适应。

在于能力特长方面，辅导员必须告诉学生这是职业选择中应该注意的问题。学校学习的好，并不代表了未来职业中就能干的好，不同职业有不同的能力要求；知识只是基础，能力才是关键。辅导员要从能力方面，告诫学生要重视个人能力和素质的培养，以实际的例子说明，应该对自己有一个全面的认识，根据自身的实际情况，选择适合自己的长远的能够发挥自己优势和特长的工作。

六、辅导员队伍的机制理念创新

理念是是人们行为的先导，决定着人们思考问题的方法以及人们行为的方向。所以，创新性的理念应该作为辅导员队伍建设的新的出发点。

创新的大队伍建设理念。当前的辅导员队伍建设已经被提上了日程中，辅导员的作用在大学生的生活中发挥了重要的作用，所以，我们必须重视辅导员队伍建设。辅导员队伍建设应该在党和国家领导人的正确方针和政策的指引下，以教化人为目标，组建一批兼具职业与专家相结合的大的队伍建设。大队伍的辅导员建设必须坚持长远的发展的观念，树立长远的发展目标，用系统化的思维来组建队伍，具体来说，就是辅导员的人员选择可以使专职的也可以是兼职的，专业方面，可以是各个学科的队的人员。这种包容性很强的队伍建设，既可以扩大辅导员的队伍，也可以把辅导员的教育与教育中的各种学科相联系，提高辅导员的整体性的价值成就感。

开放式的队伍发展理念。辅导员的队伍建设应该是坚持开放性的、多元化的的发展理念。不应该是封闭的、单一的机制建设。在辅导员的人员的选择方面可以坚持各种人员的融合。

第四节　辅导员培训机制

近几年来，辅导员的队伍的要求性不断的提高，队伍的专业化程度也在不断的加强，这就要求国家必须重视对辅导员的培训和考核，这是社会责任和个人的责任。辅导员的培训应该是涉及到职业化和专业化的相结合的，它涉及到各个学校的知识，也涉及到培训的现状的意义和原则性的问题，本章主要从辅导员的培训方面，介绍辅导员的建设性的问题。

一、辅导员培训的现状及意义

当前的世界是一个高速发展的饿，大融合的时。政治、经济、文化、科技已经变形了一个全球化协同发展的趋势，在这个大环境下的大学生，他们也开始接触了各种各样的知识和事物。从当前的国内形势来看，社会主义市场经济文化的发展，也要求不断加强大学生应该具备专业的学科只适合，同时也应该具有良好的思想政治综合素质，于此同时，教育的普及化的程度也要求了大学生必须加强思想政治方面的工作的，这些各方面的要求决定了我国的大学生教育应该有一支专门的辅导队伍来完成。辅导员是思想教育课堂上的老师，有效的开展培训辅导员的工作，这是关系着整个大学教育成败的关键，也关系着大学生身心发展的关键，同时，也决定了整个教育学科成败的关键。

纵观我国当前的辅导员队伍建设，仍然有着很大的不足，这里包括关注度不够、没有形成系统性的管理、缺乏科学的学科制度、专业化程度不明显等情况。因此，加大辅导员的队伍的建设，展开有效和完善的培训课程是关系着我国辅导员队伍的科学化、完善化、专业化的关键。

为了加强我国辅导员的队伍建设，各个高校要从提高辅导员的政治素养和综合的能力方面来建立辅导员培养的机制。体制的构建需要政府和组织、民众齐心协力，工作做好工作，其中应该加强规章制度的制定，包括对辅导员培养和培训计划的制定，具体来说，就是教育部门应该按照本地区的特点，制定出适合本地学校的辅导员培训规划，坚持按照层次化的体系进行开展，做到一步一个脚印的开展，必须经过培训才能上岗，必须坚持一般的培训与特例的培训相结合的，同时对于优秀的辅导员，可以让其进行在学习和深造。

辅导员的培训具有重大的意义。

首先，做好对辅导员的培训工作是对辅导员个人价值的重视的体现，是对其专业地位的认可，更是保证其长远发展和稳固的关键。

辅导员的培训工作的完善是确定其专业地位的保障。辅导员工作应该作为一门专业的学科来界定。作为一门专业的学科应该具备专业的知识体系、专门的技术、专业老师有一定的社会地位。所以说，如果想把辅导员专业作为一门专业性的学科来设计，就必须有一个专业的知识体系，辅导员通过学习专业知识之后，才能与其他学科知识一样走向一门专业化的道路。其次，在保证辅导员的专业知识学习以外，还必须进行一些相关技术、能力和素养的培养，这是能够有效开展大学生思想教育的关键，专门的教育和训练可以使辅导员更有能力做好辅导的工作。培训还有助于让辅导员在社会上享有一定的社会地位，培训会涉及到课程、管理、机构等，这写在社会上面的存在必然加大了辅导员的关注度，从而让人对辅导员的职位性和必要性更看重。

其次，辅导员队伍培训是保证队伍长期发展的重要举措。队伍的专业化建设需要建立在一定的稳定性上面，队伍的不稳定，不可能做成专业化的建设。造成辅导员队伍的不稳定性主要是应为缺少切实的职业培训体制、没有完备的职业规划、使辅导员失丧失了在这个行业的归属感，让他们感觉不到稳定和长期发展的动力。所以说，加大辅导员的培训，首先可以让辅导员对自己有一个清晰的认知，指知道自己在社会上的地位和重要性，增强自我的认同感，同时也能明确其作为一名辅导员所享有的各种权利和义务。经过系统培训的辅导员，他们会自我的认为自己拥有从事教育的资格，这让他们在工作中更加的有方向性和归属感，这样他们也可以全身心的投入到工作中去，提高自身的教育创造性。还有就是加强了培训的辅导员，他们在教学中，也可以学习到相关的知识，这为他们后期的进修和更深层的学习打下了基础。

再次，辅导员职业素养的养成需要在培养进行。专业素养涉及到理念、知识和能力三个方面，它主要是表现在一个人在该方面工作所呈现出的综合素质。专业素养不可能个人独立的养成，必须经过系统化的学习和培训。对辅导员专业素养的培训，首先就是要形成一种理念，让辅导员对大学生的思想教育工作有一个全面而深入的认识，明确辅导员工作的性质和特点；其次，要有一套完备的体制构建，体制的开展可以确保专业知识和能力的提高落到实处；最后，就是要明确工作的任务和所要担当的责任。

最后，系统化的培训可以让辅导员有效开展科学研究。培训让辅导员具备了扎实的知识和技术，再加上他们有过辅导员的经验，他们可以把理论与实践相结合，进行有关方面的研究。其次，培训不仅可以让辅导员学习到一定的知识，同时也可以让他们养成一种重新看待问题的方法和方向。培训与生活密切相关，培训还让为辅导员有了更多发现问题、研究问题 、探讨问题的方向和方法。

二、辅导员培训的原则

辅导员的培训必须遵循相关的原则来进行，不能盲目的进行。一定的原则可以确保培训工作有序开展。

（一）激励原则

激励是在任何的培训中都会涉及到的。个人的激励是对个人进行的激励，团体的激励是对一个组成的全体成员的一种为达到一定的目标的激励。辅导员的培训，也是一种组织的激励，辅导员的成员需要的就是通过培训获得一种组织的激励，从而实现自我价值和个人目标。很多时候，如果一个人积极的参加的培训中，他们的创造性、主动性、激情得出充分的发挥，那么他们就能很好的完成任务，相反，负面的情绪则会造成不良的后果。所以说，激励在个人成长和任何阶段，都是一个非常重要的要考虑的方法。同时，在使用激励的方法，鼓励辅导员的时候应该从这两个方面进行：全员激励和感情激励。

全员的激励。对于辅导员的激励方法，这个方法必须是适合大众的方法，不应该是针对某一个具体的人的方法，而且这个方法还必须是能够长期、全过程都能进行的。不能说是只对某一个人有利，也不能说是只适合一个阶段，它即贯穿整个培训过程的各个阶段，同时还必须能够保证培训工作能够不断向前发展。在任何的活动中，激励都是在困难的时候突出其重要性，为了就是使人们在过程中始终保持热情和干劲。

感情激励。培训不只是传授知识的过程，同时也是一种老师与学生进行情感交流的过程。情感的激励带有明显的选择性，人们往往相信愿意接受自己喜欢的东西，而感情又引导自己的情绪。尤其是对于学习不太好的学生，感情激励更重要，所以，对于辅导员的培训，相关的老师，应该重视与辅导员学生的感情培养。时刻关心他们，爱护他们，这样才能激发起奋斗的热情。具体的激励措施和办法有：

目标激励方法。有了目标，才能明确行动的方向。对于学校的领导，应该把辅导员的工作相关政策告诉大家，让大家明确形势，提高整体形势的认知。主体的意识与个人的行动有机结合的时候，才能更好的达成目标，过程中的努力度和积极性才能充分的发挥。

榜样激励方法。人们都比较喜欢受到崇拜，同样，人们也善于学习他人的言行，所以，对于辅导员的培训应该采用榜样的方法，激励其学习。榜样是来模仿，也是来超越的了，人们都有上进心。所以说培训的老师和领导应该自身树立好榜样，让辅导员学生进行学习和效仿。

利益激励方法。人们常说，人为财死，鸟为食亡。所以，对于辅导员的培训工作我们也可以与利益相结合，鼓励和引导人们参加培训。辅导员培训的引导者应该从利益点出发，把个人的利益与辅导员的培训紧密相连，使人们从心中自觉地参加培训。很多的时候，经过培训的与不经过培训的一定要严格的区分开来，不能一概而论，对于经过培训的，有了资格证的，可以优先考虑，其次就是在经过培训的，可以在待遇这方面有所提升，主要就是让培训的结果与利益挂钩，这样可以及其辅导员的培训欲望，增加培训的主动性和积极性，把学习变为主动的接受。同时也可以通过减免学费和培训费的优惠政策，鼓励他们参与各种培训，不断拓宽他们的知识面，提高他们的管理能力和技术水平。

集体激励方法。集体激励法是通过提高自觉性和积极性的方法，这里涉及到的是在一个集体中个人所获得的荣誉感和责任感。在班级中开展不同形式的比赛，在学生之间通过比学习、比纪律、比成绩的形式，来到培训的目的，这个过程不仅可以加强学员之间的关系，提高整体的培训目标性和水平性。集体的激励法还包括要让培训者主动的制定目标和参与讨论。除此之外，还可以一步一步来进行，刚开始设计比较小的目标，在设计较大的目标一个个来，这样可以让学员在完成一个任务后，能够获得自信心和成就感，这也有利于后期更多的目标的实现。

（二）职业定位原则

辅导员的培训，一定要结合辅导员的职业发展方向和职务的内容。我国关于教育的有关文件中明确了辅导员在高等教育中的地位和作用，它是大学生思想政治教育的中坚力量。辅导员的工作任务应该按照国家和社会的要求，明确其自身的责任和义务，做好自己的思想政治教育活动。辅导员在大学生的教育中担任了很多的工作，他们既要搞好学生的日常的学习和生活的工作，同时还要时刻关注大学生的思想政治教育的教育工作，除此之外，他们还需要担当学生毕业后的就业的问题。我国的高校辅导员一方面要对学生的思想品德教育起到辅导和教育的作用，另一方面还要做好大学生的心理咨询老师，帮助学生解决心理上面的困惑和难题，同时，还需要管理好班级等的日常事务，起到服务的作用。辅导员的工作职责中除了是对学生的作用外，还有一个重要的特点是他们还是我国党政机关的后备军。

从上面的分析来看，我们可以知道，高校辅导员的作用和重要性，这不仅是对教育的作用，同时也是对党的人员和干部积累人才的关键。我国的辅导员工作是集中了服务、教育、思想等于一体的工作，除此之外，辅导员的工作涉及的都是事物性的，所以又比较的复杂。我国现阶段的辅导员面临着重大的挑战和工作，大学生普遍的受到政治、经济全球化，还有各种网络信息的影响，他们的心理和思想也呈现出各种各样的因素的影响，这就加大辅导员工作的难度。面对着这些困扰，必须加强对辅导员的培训，密切结合辅导员职业发展定位，为辅导员点明职业发展的方向，促进他们对职业全面认识。

（三）个体差异原则

每一个人自身都有区别于别人的不同特点，辅导员也是一样的。因为其自身有着不同的目标、理想、同时在文化程度、理解程度上面也是不一样的，在加上有的人年龄大，阅历深，有的则因为年龄小阅历浅，所以，这就决定了对于辅导员的培训工作，不能按照一个标准来进行，二应该坚持个体差异，区别对待的原则，根据各自的特点，做到因材施教，因人施教。

对于个体差异，区别对待的具体工作就是在最大可能的满足普遍性的学习需要的时候，就是传授辅导员整体的专业技能、提高工作效率和工作水平的时候，根据不同的人，开展不同的课程，不同的授课方式，坚持理论联系实际，解决实际问题。

(四) 实用性原则

辅导远的培训工作的实际出发点是再具体的工作中把工作做得更好。辅导员的培训就不能只重视知识和理论的学习，而应该注重实践和能力和方法的培养，并在培训中为他们具体的实践，帮助其领会具体工作的的内容和意义，将培训与实际工作紧密结合。实践性原则的出发点就是从具体工作中出发，培养各种工作能力和方法，提高辅导员的工作水平和技能。

辅导员的培训应该在坚持一般情况下的教师培训的基础上，运用辅导员特有的培训方法，认真组织辅导员的培训工作，坚持求真务实的工作作风，在组织工作的各个环节上面下真功夫，去掉高校师资培训中的不良现象，严格的不能走以往的培训的形式主义的现象，坚持求真务实的态度，避免资源和时间的浪费。

(五) 效果反馈和结果强化原则

对于培训的过程及内容和结果，我们一定要采用透明化的原则，及时的反馈给培训者，让他们能够及时准确的掌握自己培训的内容和进程，以及获得的结果。反馈的内容包括日程表、内容表、程度表、考核的内容表、考核的结果表等。这种结果和内容的反馈，可以让培训者及时的了解自己学习的效果，增强学习的信心和动力，从而提高学习的积极性。

及时的反馈还可以让培训者及时的了解自已的学习程度和结果，及时的知道其的学习差距，同时能够学校重点工作，紧紧围绕形势的变化，从全局出发，提出解决问题的具体措施和办法，培训反馈的信息越及时、准确，其效果就越好。

强化的作用是对培训者进行好的行为的鼓励和表扬，坏的行为的摈弃和改正，这种方法是一种好就更好，坏就立刻改正的好方法。表现好的强化激励方法可以通过发奖状、奖金，授予学习模范光荣称号的方法；对不正确行为给予批评和惩罚，但是，我们一般要采取多表扬，少批评的方法，尽量的从正面和侧面来鼓励培训者，帮助其数量正确的观念和方法。这种强化和激励的方法可以在培训的任何过程中都能进行。

(六) 时效性原则

学校的需求与培训者个人的发展的是辅导员的开展培训的依据。辅导员培训的工作必须及时的顺应院校发展和对辅导员综合能力和素质的要求，时刻关注个人发展的需求之所在，做到及时调整辅导的方针、政策、制度和方向，坚持贯彻时效性原则。具体就是说，不能在培训目标方向、培训的主提和课程设置方面千年不变，应该结合学校发展和个人需求，及时作出调整，尤其是其内容方面，一定要及时调整，及时跟新。现在的社会是一个飞速发展的大社会，信息的高速传播，技术的日新月异，都在时刻的影响着人们，所以，这也就要求了辅导员所掌握的知识和技能应该不断的更新和提高，否则很有可能落后于别人，与现实拉开差距，逐渐的就会被淘汰。培训的最终目的就是能让培训者改变思维方式和传统技能，所以，培训的内容和课程学习方面必须坚持时效性原则。

三、培训内容

（一）思想培养教育课程

思想政治教育课程的存在是历史发展的必然，其是我国社会主义精神文明建设的必然需求，也是保证我国大学生思想政治教育良好发展的关键。

大学生的思想政治教育课程是对大学生进行全面的、系统化的思想教育的重要课程。作为大学生的辅导员，当然也应该而且必须认真地学习思想政治教育课程。辅导员主要是在教育中起到调节和辅导的作用，主要是配合主渠道的教育，来对大学生进行教育和培养，所以辅导员应该具有更高的思想水平和政治觉悟，做到育人先育己。所以，大学的思想政治教育课程应该是适应学生和辅导者共同学习的教育科课程。

（二）心理素质教育类课程

心理素质教育类课程应该包括两个方面的，一个是对大学生的思想政治教育，这是辅导员自身的职责，是其作为一个老师本身的义务和责任，同时另一方面是对辅导老师自身精神文化素质的培养，辅导老师也是人，他自身也会涉及到心理、思想等方面的问题，所以，如果想要较好学生，必须以身作则，身正为范，做好自己，才能更好的较好学生。因此辅导员具有健康的心理素质显得尤为重要，通常情况下，我们认为一个高校的教师应该在知识文化水平上面有一定的造诣，在专业素养上面达到一定的标准，在心理素质方面应该达到一定的程度，除此之外，更重要的是应该具有一定的人格魅力、有为人师表的吸引力。

（三）就业指导类课程

就业指导就是帮助学生能够找到适合其的工作，这主要是涉及到事务性的工作。就业指导课程的内容会包括到国家就业指导的政策和法律法规、就业的前沿动态、行业的发展趋势、未来国家的扶持导向、还有就是具体的就业的技术、心理、方法、技巧、以及服装、仪容等方面的知识。辅导员的就业辅导应该是根据不同阶段的学生，采取不同的方法的辅导。辅导员的就业工作指导与毕业后的公司的人力资源的hr的工作职责，有着异曲同工之处，作为高校的就业指导的老师，也就是辅导员来说，他们也应该具有一定的人力资源的知识，比如对人才的评价、心理的研究、人才的考核、还有就是相关劳动法律法规的研究。

（四）学生日常工作的综合管理课程

学生的日常综合管理课程的设置是辅导员工作进入专业化教学的一个的前期铺垫。外国很过国家，已经把学生的综合管理作为一个专门的课程来教学。学生的综合性的日常管理已经逐渐从一个不起眼的管理性事务变成一门独立的学科，专业化和职业化的程度在不断的加强。

（五）他培训内容

首先应该加强对一般的工作内容的培训。培训的内容包括：辅导员的政治素养、一般的大学规章制度、具体的教育教学方式方法等。对于对辅导员的政治素养的培养，应该是在辅导员本身的理论的基础上面进行的再教育，因此这要求辅导员本身就应该有一定的政治素养。大学的规章制度，也是培训的内容，除此之外，还有就是在具体的思想政治教育的方式方法上面，现在的沟通交流的工具特别的多，辅导员可以根据自己的擅长以及大学生喜欢的方式，通过微信、短信、QQ的方式进行沟通和交流，在交流中拉近与学生的距离，这样也更容易为让学生接受辅导员的教育和指导，这个方法，也特别的适应在学生思想心理问题的解决过程中。

其次，重视对学生工作的规章管理制度的培训。各个高校根据自己的实际情况，制定具体的学生管理方案和制度，作为高校的辅导员应该深入的学习和掌握工作的规章管理制度

再次，加强对辅导员综合能力的培训。综合能力不仅包括有具体的工作能力同时也包括各种的创新能力和科研能力。辅导员是的学生思想政治方面的老师，他主要是通过观念和思想来引导和教育学生，所以，在思维方面的创新意识的培养对辅导员来说尤为重要。没有创新能力的辅导员很难做到与时俱进，也无法做到培养创新能力的学生。这与大学生素质教育的目标相背离。创新的工作方式也可以变成传统的工作方式，对大学生的教育也是一种新的探索和发现。

辅导员科研工作的能力的培养，需要在不断的探索和实践总才能得到提高。量变引起质变，实践只有上升为理沦，并在不断地实践中才能取得质的飞跃。辅导员的科研工作能力是目前各高校的一个正在发展中的能力培养，所以通过多方面的信息渠道来提高科研的能力，充实原有知识结构，提高辅导员的科研能力，培养一支水平高而且科研能力强的辅导员队伍。

四、辅导员的培训形式

（一）进入工作前的培训

辅导员的思想政治素质的好坏，直接决定了其工作的好坏。其中包括辅导员的知识结构、能力水平、方法方式等。辅导员直接关系学生思想政治教育和管理的质量，因此，上岗前的培训尤为重要。对于辅导员的岗前培训是为了他们进入工作后，能够更快的适应和开展工作的关键。很多新人刚开始对工作的内容和方法没有思路，就很难开展工作，对他们进行岗前培训，让他们尽快熟悉学生思想政治教育和管理工作，从而为做好这项工作打好基础。

岗前培训不应该讲的过深，过难，应该讲的基本的知识和技能、方法。还有就是关于辅导员的职业操守的相关内容。应主要侧重对辅导员必需的基本业务知识、技能和基本理论素质的培训。针对辅导员工作职责，要尽量的培养他们的爱岗敬业的心理，热爱教育工作，要有一定的社会责任感和奉献精神。对于学生的思想政治的培养也可以才采取感情教化的方式，以情感人，采用调查与研究相结合的方式，因材施教。

（二）日常培训

辅导员的日常培训，需要不断的融合创新的方式和方法，在根据辅导员队伍自身的特性和发展需求上面进行创新性的方式研究。日常的培训应当把理论、知识和技能通过创新的方法，结合辅导员学习需求的重点和实际情况，坚持把学习的东西用到学习和工作中的基本原则，全面的、协调的的开展工作。日常的培训工作，主要包括思想教育和心理健康教育、基本的学生日常学习和生活管理、毕业生未来职业生涯规划、对于大学生的实践与考察等。这次日常的培训还可以通过专题培养的方法，协助辅导员学习思教育学、政治学、管理学、心理学以及就业指导等方面的专业知识。最终形成一个有序的开放的辅导员教育培训模式。

日常培训主要是强化的辅导员自身的学习能力、与学生沟通的能力、获得新的知识和理解分析问题的能力、对教育教学的科学研究的能力的。日常培训的目标是让辅导员掌握一个的知识和文化，还有就是具备良好的教育素养，除此之外就是能够开展文化活动和社会实践的能力，有能力指导毕业生未来的就业工作。辅导员的主要工作是为学生解决思想问题和稳固学校的稳定以及帮助学生处理突发事件等工作能力。

有些高校创建辅基地，对辅导员的培养按照要求的不同进行具体培养，比如，一些岗位是培养关于辅导员对未来学生职业教育方面的，还有一些事关于心理辅导的，还有就是涉及到具体的生活管理的岗位培训，还有就是关于一些对于更高职位的辅导员的培训。岗位的不同，培训内容就不同，针对根据辅导员的不同职业岗位的特点，从而有重点、有针对性地提高不同职业岗位辅导员的整体素养。

我们从具体的生活中，也总结了一些例子，一些依托辅导员协会的学校，他们的辅导员工作进行的比较专业化进。所以说，我们可以在全国的高校范围内，创建各省市具有自己特色的辅导员组织机构，把他办成一个沙龙形式的机构，使之成为辅导员职业引领者。辅导员组织机构可以通过培训、交流和学习等方式方法，从整体上面提升辅导员的各个学科的知识储备和教育教学技能，在培训中，不断的完善自己的职业素养和心理素养。辅导员在学习好自己的知识和技能的时候，也可以学习一些相关的知识和技能，比如心理学、就业指导的知识等，完善自己。

（三）专题培训

经济全球化和政治全球化的影响下，我国的大学生的思想呈现出不断变化的趋势，整个大环境下也都因为变化而变化，所以来说，对于人们的思想政治工作也是很难从一个内容上面去做。再加上，一直以来对于思想政治教育环节重视的薄弱，对于新的社会动态的关注度不够，跟不上形势的发展，这些都对思想政治教育工作有一定影响。所以说，在新的形势下，我们应该努力提高自己的思想素质和理论水平，才能去做好学生的思想工作。

在现在这个新的环境下，建立专题培训是符合时代的发展和职业咨询师等的兴起，更加的确定了大学生辅导员的专题培养的可行性和必行性。专题培训还可以弥补一些人没有思想政治教育的背景，还有一些人没有很好的与学生沟通交流的能力，还有一些人确实足够的教学技巧和方法的缺陷，从各个方面对辅导员进行更为精细的培养。

（四）学历培养

我国的教育非常的鼓励大学生思想政治教育中的优秀老师进行再深造，这是提高大学生思想教育质量的关键点。

大学生的思想教育工作者进行再教育，这也是他们提高自己学历和知识储备的一个好机会，每一个辅导员都应该珍惜。对于辅导员来说，他们已经进入工作很长时间了，可能都已经有了家庭和孩子，所以平时的工作任务繁杂，很多也都没有时间学习和进行科研工作。如果有了国家的专门的学历的培训，可以使辅导员有时间和精力参加到培训中，给了他们充足的时间去学习，也让他们有理由进行在学习，因为他们已经有了工作经验，也带过学生了，如果在经过学习，做到了理论与实践的结合，他们会在后来的工作中更加的得心应手。同时也能对自己的工作和学习进行反思，作科研，出著作做铺垫。

（五）骨干培训

辅导员队伍中的骨干力量是辅导员队伍学习的榜样。优秀代表。辅导员队伍的专家化是未来我国辅导员职业发展的一个大的方向，也是大学生思想政治教育专家的过程。辅导员的思想政治教育是一门专业和职业的相融合，它的发展成专家化的过程需要有理论知识和科学体系的构建，同时也需要进行一定的科研工作。而进行科研的人一定是这个行业中的佼佼者，而辅导员中的骨干力量正是未来能够从事科研的人选。骨干力量的培训，也从一方面反应了对辅导员队伍稳定性的要求。

如果一个优秀辅导员不能长期的留在辅导员的队伍上面，这对其个人的发展，以及整个辅导员的队伍来说，都是不利的，重新补充新人，不能更好的开展工作，也浪费了各种的培训资源，不利于这支队伍建设，不利于做好学生思想政治教育工作。

第五章　高校辅导员绩效考核体系及其构建

第一节　高校辅导员工作绩效的考核

一、绩效考核的科学认识

（一）绩效与绩效考核

1. 绩效的概念

绩效的内涵丰富，从字面的上来看，“绩”指的是“业绩”；“效”指的是“效率”，也即工作结果和工作过程，是做了什么（实际效益）和能做什么（预期效益）的最终呈现。从不同的学科领域对绩效进行分析，将得出不同的结果。

在管理学的层面，绩效主要有包括两个主要方面，即个人绩效和组织绩效，其是组织机构希望最终达到的目标，是组织为了实现最终的目标而在不同的阶段制定的有效输出。个人绩效呈现的是组织中的成员在某一阶段的工作行为和工作成就；组织绩效最终呈现的是组织本身在某一阶段完成任务的数量和质量等内容。在现实中个人绩效和组织绩效的关系是：个人绩效以组织绩效为中心，个人绩效最终决定组织绩效，两者共同服务于组织的整体绩效。因此在实际制定绩效计划的过程中，需要先行制定组织目标，其次根据不同的需要制定部门目标，最后再根据部门目标，制定部门成员的个人目标。只有部门个人实现了目标，部门目标才能得到落实，才能保证组织目标的最终完成。

在经济学的层面，组织必须保证组织成员的绩效和薪酬呈正相关关系。组织成员必须保证绩效的完成，而组织必须保证对组织成员薪酬的发放。当一个身处组织中时，就必须完成组织所要求的绩效，当其完成所要求的绩效时，组织必须对组织成员发放相应的薪酬。这是一种对等承诺关系，是市场经济中等价交换原则的体现。

在社会学的层面，绩效要求社会中的每个成员严格按照社会分工所赋予其的角色和定位完成他相应的职责。社会中每个人的生存权利是相辅相成的，都需要其他成员的保证和协调。从这个角度进行分析，则可以认为实现绩效目标是每个社会成员必须履行的任务。

2. 绩效考核的概念

绩效评价（Performance Appraisal）是过去人事管理和现代人力资源管理中绩效管理过程的关键环节，其在具体命名上会出现相异的情况，如在英美两国的叫法是“考绩”，日本的叫法是“勤务评定”，法国的叫法是“鉴定”，埃及的叫法是“评价”。但是具体到评价的内容和方法，则没有太大的差异。在我国，绩效评价也有不同的名称，如绩效考评、绩效评估、业绩评估等。

绩效评价是绩效管理中一个相对独立和完整的关键环节。绩效评价是依托于绩效而产生的一种评价方法，其特点也受绩效多样性、多维性和动态性的影响，因此不同的专家对绩效评价的理解不尽相同。如在史密斯（R. C. Smith）看来，绩效评价就是对组织中的成员的工作成就进行评比；在朗斯聂（Longsner）看来，绩效评价是客观评价组织成员的工作能力、工作态度和创造的经济利益的一种方法。在富利普（E. B. Flippo）看来，绩效评价是对组织成员的现有成就和晋升潜能进行的一种客观评价。在日本学者松田宪二看来，绩效评价是按照一定的规章制度，对评价者的日常工作进行观察和记录，以达到培养组织成员目的的评价方法。在蒙迪（R. W. Mondy）看来，绩效评价是一种正式正规的制度，用来评价组织成员一定时期内的工作情况。

总而言之，绩效评价是一种运用一定的方法和程序对组织成员在工作上的状况进行考核的一种评价手段和方法。可以认为，绩效评价是组织为实现战略目标而采用的一种考核手段，用来促进组织成员按时保量的完成工作任务。

绩效评价有三项主要含义：

第一，绩效评价是一种促使组织目标最终实现的一种评价方法，其具体实践手段是以组织的最终目标为核心，以此展开对组织成员工作状况的评价，将最后的评价结果进行量化处理，然后将评价的结果与其他的管理职能联系起来。

第二，绩效评价是一种运用一定的规章制度、程序步骤对组织成员进行评价的一种方法，其属于人力资源管理系统的一部分。

第三，绩效评价也可用来对组织成员在工作过程中流露出的工作态度，和最终获得的业绩进行评价。

（二）绩效考核的类型

为了保证绩效评价工作的顺利开展，在此之前，必须对绩效评价的类型有详细的了解，只有这样才能根据具体的情况选取合理的评价方法和手段，从而更有效地完成绩效评价，实现绩效评价的理想目标。一般而言，可从评价的主体、对象、因素和目的对绩效评价进行分类。

1. 从评价主体层面进行考虑

从评价主体层面进行考虑，绩效评价包括三方面的内容：政府评价、社会评价和自我评价。

政府评价是一种有政府相关部门进行主持的评价，因其在政府组织下开展，所以具有一定的权威性和可行度。

社会评价是在社会团体组织下进行的评价活动。政府在进行决策时，会考虑参考社会评价的结论。因此会在很大程度上影响评价组织或者个人的声誉。其可信度并不稳定，一般受到参与评价的社会团体组织的专业水平等因素的影响，社会评价结果并不像政府评价那样具有权威性，主要对评价主体有一定的激励作用。

自我评价是评价主体依据一定的评价制度对自我行为、态度进行的评价。在自我评价的过程中，评价主体可进行反省，以达到自我完善、自我发展的目的。在进行自我评价中，需要注意评价的客观性，这将在很大程度上影响评价的结果的可信度，并会最终影响未来工作的开展。

2. 从评价对象层面进行考虑

从评价对象层面进行考虑，绩效评价主要包括对组织的评价和对个人的评价。

对组织的评价是一种根据现实的客观现象对组织进行的评价，在这种评价方法中，评价主体是作为整体的组织。在对组织的评价中，主要内容有：政策支持系统、环境支持系统、组织支持系统、经费支持系统及人力资源系统等。这种评价的主要特点是范围较大，工作量大，比较耗时费力，具有一定的挑战性。

对个人的评价是一种从微观角度进行的评价方法，在这种评价方法中，把组织中的个体作为评价对象。在对个人的评价中，主要内容有：结果性评价、过程性评价等。在实际操作中，它主要针对组织成员的工作表现、工作业绩进行评价。

3. 从评价因素层面进行考虑

从评价因素层面进行考虑，绩效评价主要包括终结性评价、形成性评价和条件性评价。

终结性评价是一种对工作结果进行考核的绩效评价方法。一般在工作完成后才开展终结性评价，其特征为用目标作为衡量的指标，因此有被称为目标评价。在实际运用过程中，终结性评价主要采用定量分析或者定性分析的方式，其主要

效用是鉴定评价对象的实际情况，

形成性评价是一种对工作过程中的状况进行评价的绩效评价方法。形成性评价的主要效用是判断出评价对象在工作过程中出现的问题和取得的成就，并根据实际的情况提出相应的建议和意见。根据形成性评价的结果，评价主体可对自己现有的状态进行调整，以促进自己工作的改善。

条件性评价是一种对评价对象的物质条件等状况进行评价的绩效评价方法。条件性评价改善了其他绩效评价方法只关注评价对象是否达到目标和活动本身的合理性的问题，将关注点投到实现目标和活动开展的可行性上。条件性评价是一种相对性的评价方法，在实际操作过程中，其采用的大多是定量分析。根据条件性评价的结果，评价主体将对自己的现有工作态度做出相应的改善，以推动工作的高效完成。

4. 从评价目的层面进行考虑

从评价的目的层面进行考虑，绩效评价主要包括奖惩性评价和发展性评价。

奖惩性评价形成于上世纪初，是一种根据成员的评价最终结果，做出相应的解雇、晋升等决定的绩效评价方法，其主要目的是为了改善绩效管理。奖惩性评价是终结性评价的一种，其具有终结性评价的典型特点，即较为关注评价的结果，却对专业发展的过程关注较少。因此导致了部分组织和组织成员对奖惩性评价机制的抱怨和不满。

发展性评价形成于上世纪八十年代的英美等国家，传入我国是在上世纪九十年代中期。发展性评价，是一种通过评价来促进组织和组织成员共同进步的绩效评价方式，其出发点是提高组织和个人的专业水平。

发展性评价是一种融合了形成性评价和终结性评价特点的形成性评价方法。其主要特点是既关注评价的结果，也关注专业发展的过程。因此，发展性评价具有其他评价方法不具有的优势：第一，评价对象可在这种评价体现中不断实现自我的专业发展；第二，评价对象专业发展的历程可在发展性评价中得到形象的展现；第三，在进行发展性评价的过程中，评价对象可得到及时的反馈，并相应地做出调整；第四，在发展性评价中，由于评价对象的全程性参与，实现了评价过程的公正透明，这样就在一定程度上减少了公众对绩效评价的反感情绪。第五，绩效评价是一个循环的长期过程。

（三）绩效评价的作用

在过去，一般认为绩效评价的主要主责是保证组织成员在工作过程中的默契配合以实现工作的高校完成；只有进行绩效评价才能达到知人知事的目标，才能相应地实现人与事科学的结合。从这个角度来看，人力资源是管理是建立在绩效评价之上的。这就导致了人们对绩效评价认知的局限性，认为绩效评价只能应用于人力资源管理领域。这种情况随着经济的迅猛发展得到了改变，现今各组织希望通过对绩效评价的合理应用，以此来实现组织和个人的迅速发展，保证战略目标的族中实现。从这个角度来看，绩效评价具有多方面的作用。

1. 推动组织实现战略目标

发展战略是组织对未来发展的目标，而目标的实现依赖于组织所有成员积极主动地发挥主观能动性，尽职尽责完成工作内容。因此，在组织战略管理控制系统中，绩效评价的作用不容小觑。在实际工作中可以看到，现今的绩效评价不仅仅应用于人力资源管理领域。许多组织为了提高组织的发展水平，以绩效评价的方式对组织成员做出评价，以实现组织内部的持续高速发展。

绩效评价的出发点是对组织成员进行评价，以促进个体的进步和提升，但其落脚点是为了推动组织总体效能的上升。因此，在制定绩效评价的具体实施方案时，管理者首先需要考虑的是如何通过绩效评价的运用促进组织成员的工作效率的提高，以达到最终实现组织战略目标的目的。在这里绩效评价的主要角色是通过绩效评价的主体、周期、内容、标准等诸项因素来引导组织成员的行为。

2. 优化人力资源管理

进行绩效评价的主要目的是为了充分调动组织内部成员工作的积极性，以最终实现组织的战略目标，这就要求在进行绩效评价的过程中，在公正客观的原则上对组织成员的工作行为、态度和结果进行评价。绩效评价属于人力资源开发与管理中的一项工作，主要职责是依据科学的原则对组织成员的工作行为和成就做出衡量。对于整个组织的发展而言，合理地运用绩效评价以及获取客观的结果，将会在极大程度上优化人力资源的管理。

绩效评价的结果是组织管理者进行公司管理的主要依据。从组织角度来看，管理者通过绩效评价可以获悉组织成员的工作行为、态度、成效等一系列信息，然后依据一定的整合原则，对这些信息进行加工和统计，然后根据获得的综合信息，对组织的现行制度做出调整，以实现组织的持续发展。从组织成员的角度来看，这些绩效评价的结果可作为个体奖惩、调动职位的依据。但是需要注意的是，绩效评价必须保证其公正公开性，这样才能得到组织成员的信服，以更好地指导工作。

3. 增强上下级和组织内部成员之间的沟通

从本质上来看，绩效评价是一个沟通过程，通过绩效评价可促进上下级和组织内部成员之间的沟通。在绩效评价的过程中，需要评价者和评价主体进评价结果进行讨论，针对优点提出表扬和奖励，针对缺点给予相应的惩罚措施和提出相应的改善建议，并对其中有失公正的评价结果予以更正。

绩效评价的过程是看做上下级和组织内部成员严谨的沟通过程。通过这样的绩效评价，管理者可以真实具体地探析评价主体工作的实际进度和存在的问题。评价主体也可通过绩效评价及时获悉管理者的基本管理思路，以更好地进行本职工作。通过这样的沟通管理制度，组织和组织成员之间的隔膜可得到逐渐化解，从而提高工作的效率。

4. 激励组织的发展

为了实现组织的稳定和迅速发展，组织会相应地制定每个阶段的战略目标，为组织的发展方向，和个人的努力方向做出指引。但是在实际工作的过程中，仅有目标的制定是不够的，会出现工作动力不足而导致工作效率低下的问题。绩效评价在组织内部的应用，就很好地弥补了这一缺陷。通过对评价结果的正确认识和分析，可以使组织和个人对自己目前的阶段状况有一个准确的定位，发扬工作中的优良传统，改进工作中做的不到位的地方。

与此同时，组织成员可根据绩效评价的结果获悉组织的期望，以明确自己下一阶段的努力目标。这是因为，上级主管部门的组织对组织成员的期望往往是不公开的，组织成员很难获悉其对自己真正的期望。而通过绩效评价，组织成员可得到在平时的工作环境中得不到的关键信息，从而根据这些信息对自己的工作态度和方向做出相应的调整。这样一来，便可以弥补组织成员对自己的过高估计或者妄自菲薄情况的出现，更好地发挥自我发展的潜力，更好地服务于组织的战略目标的实现。

（四）绩效考核的内容

由于评价对象的不同，在实际操作中绩效评价的内容也会呈现出一定的差异。一般情况下，评价的目的决定评价的内容。由于绩效评价目的的多样性，绩效评价的内容也呈现出不尽相同的面貌。本书将绩效评价内容大体分为基于组织的绩效评价和基于个人的绩效评价。

1. 基于组织的绩效评价

绩效评价不仅包括组织对组织内部成员的评价，其中也包括上级组织对下级组织的评价。由于两者的出发点不同，其评价的内容也有所差异。其中基于组织的绩效评价主要包括四个方面：

第一，对组织领导体制建设的评价。一个组织领导体制的建设事关这个组织的持续发展，具有关键的作用。这是因为一个领导班子的好坏将会在很大程度上影响上级主管部门制定的发展战略是否可以得到有效的落实。因此在对一个组织进行绩效评价时，首先要对其领导体制进行评价，这是对组织进行绩效评价的关键所在。

第二，规章制度建设评价。一个组织的长期稳定的发展，有赖于一个公正合理的规章制度。在建立这样的规章制度时，应从宏观的角度出发，使其具有一定的长期性，不因领导人职位和观点的改变而有所改变。因此，在对组织进行绩效评价时，也要对其指定的规章制度进行相应的考核，确保该组织及时对不合理的规章制度做出改善，以更好地指导组织的发展建设。

第三，专业队伍建设评价。一个组织的核心竞争力体现了其队伍建设上。一个拥有高素质人才的专业队伍，是组织稳定快速发展的关键所在。因此，对组织的专业队伍建设进行考核，是绩效评价中一项重要的内容，其具体评价内容包括：队伍的结构、工作状况、培训发展、基本评价等。

第四，工作目标落实评价。组织成员是组织的一部分，因此在对组织进行绩效评价时，也需对组织成员进行绩效评价。在具体评价过程中，组织成员的工作目标落实程度是绩效评价的主要关注点。

2. 基于个人的绩效评价

基于个人的绩效评价主要是对个人的品德、态度、能力、业绩四个方面进行评价。

第一，个人品德评价。在对个人进行绩效评价时，品德是首要进行考虑的因素。品德指的是个人的精神境界和思想追求的综合体现，决定着一个人的总体面貌。在实际工作的过程中，一个人的品德可以通过其言行举止得到体现，如是否尊重他人，是否遵纪守法，是否信守承诺等，这些都是个人品德评价的重要内容。

第二，工作态度评价。工作态度是一个人在日常工作中的基本态度。工作态度的主要衡量方式主要有两种，一种是从量出发进行的评价，如出勤率和缺勤率等；一种是从质出发进行的评价，如是否积极主动地进行工作等。

第三，工作能力的评价。工作能力评价是对一个人在工作中体现出的能力进行相应的评价。在一些特殊情况下，由于一些偶然因素的触发，可能促进工作人员在高效并保证质量的情况下完成了任务。在这种情况下，评价这个人的工作能力和工作业绩都能得到公正合理的评价。但是实施绩效评价的目的是为了促进组织的持续发展，单纯用工作的业绩衡量组织成员不利于组织成员的进一步提升和发展。因此，在进行绩效评价时，最好对依据组织成员的工作能力，以期得出有效的评价结果。

第四，工作业绩评价。工作业绩指的是组织成员在工作过程中的行为和实现的最终效果。工作业绩的评价重点因不同岗位和职责的人而有所不同。工作业绩的评价关注点是个人的行为和获得的结果。

二、辅导员绩效考核

（一）高校辅导员绩效考核

教育部从 2009 年开始实施高校教师绩效考核工资。绩效考核的结果与工资分配挂钩，工资分配坚持多劳多得、优绩优酬的政策。这也是高校人事管理体制改革的重要内容。因为辅导员工作性质与任课教师、管理岗位人员有所不同，所以制定细则很困难。要想辅导员绩效考核优化，就要从辅导员的工作特点出发，根据辅导员的工作性质制定适合辅导员的绩效考核。与此同时完善辅导员的工作责任，是建立辅导员绩效考核的前提条件，只有体系明确、工作责任明确，绩效考核才会有的放矢。

自中共中央、国务院颁布 16 号文件以来，社会及高校对辅导员队伍建设越来越重视，对辅导员管理更趋向科学化、规范化。绩效考核被引入并逐步推广到辅导员队伍管理中，在工作实践中取得了一定的成绩，但在辅导员绩效考核实际运行过程中还存在很多问题，还有很多问题需要解决，如该怎样根据辅导员的工作性质，科学、客观地制定绩效考核标准。另外辅导员工作分工是制定绩效考核标准的前提，如果辅导员工作分工不科学、不合理，绩效考核标准就无法制定，两者相互支撑。

（二）辅导员绩效考核的意义

1. 充分调动高校辅导员的工作积极性

高校辅导员绩效考核体系的建设工作，对于调动高校辅导员的工作积极性具有重要的意义和作用，通过明晰、具体的高校辅导员绩效考核评估指标，可以使辅导员更加主动、积极地研究工作方法，全面落实教育和管理工作，当好学生的人生导师和知心朋友，并在考核指标信息反馈的前提下，更好地激发内在的驱动力，更好地取长补短，激发工作的积极性。

2. 有效保障高校辅导员队伍的专业化发展

在高校辅导员队伍的专业化建设进程中，包括有思想政治教育团队、心理健康教育团队、职业指导教育团队、学生事务管理团队、党团建设团队等多方面的建设。为了更好地促进这些辅导员团队的专业化发展，高校要搭建平台、创造机会，以绩效考核为前提和条件，促使高校辅导员积极钻研业务知识，更为深入地探索专业知识中的新方法、新路径，形成职业化、专业化的高校辅导员队伍。

3. 作为奖罚高校辅导员的重要依据和参考

通过对高校辅导员的绩效考核，可以科学合理而全面地考评辅导员的工作情况，对于表现优异的辅导员根据其实际情况，在职务、职称等晋级、晋升中予以优先考虑，在辅导员专项进修、培训中予以优先推荐。并根据他们的专业特长，安排教学、论文指导、实习指导等方面的工作，使他们在教师岗位上发挥作用。而对于工作失误、懈怠或重大失职的辅导员，则要采取一定的惩戒措施直至使其退出辅导员岗位，以绩效考核的结果作为对辅导员奖罚的重要依据。

第二节　高校辅导员考核方式分析

一、高校辅导员系统的考核方式

为了实现评价结果的公正性和合理性，在实施高校辅导员工作绩效评价的过程中，采用的技术多具有全面性和系统性，比较多见的有360度绩效评价法、目标管理评价法、关键绩效指标评价法、平衡计分卡法等。

(一) 360度绩效评价法

在高校辅导员工作绩效评价中，应用360度绩效评价法的具体方式是尽可能获得有关辅导员的全方位信息，以此展开全方位的绩效评价。这些信息主要来自于上级、下属、平级同事、高校内部相关部门教职员工、高校内部学生、辅导员组织以及个人的评价（见图6－1）。

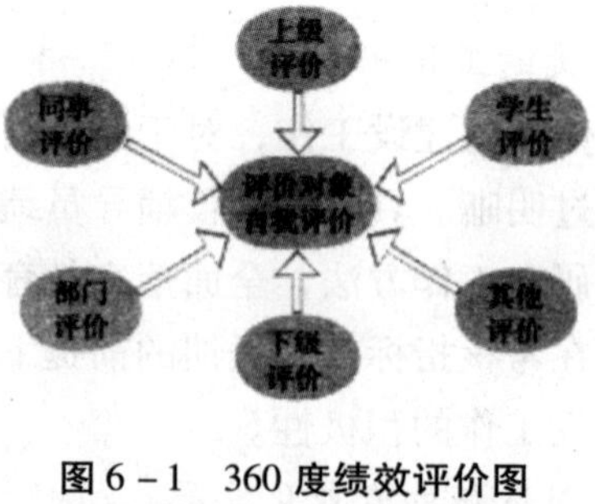

图6－1　360度绩效评价图

据相关部门的调查，全球1000多家大型公司中，有半数以上的公司在绩效评价过程中运用的绩效评价方法是360度绩效评价法。360度绩效评价法被广为认可的原因在于：

第一，增强绩效评价的全面性和综合性

传统的由上级评价下级的单一评价方法在存在很大的局限，这在一定程度上导致了光环效应、个人偏见、评价盲点等现象。而360度绩效评价法获取绩效评价的渠道具有全面性，这就很大程度上避免了上述问题的出现。这样得出的评价，将会有效地提高辅导员工作的积极性、对组织的忠诚度，这样不仅更好地提高辅导员在实际工作中的实施能力，也使得辅导员对自己工作的满意度上升。

第二，提高绩效评价工作的公正性和合理性。众所周知，除去工作上的事务合作，上级和下级之间沟通的机会不多，在这样的状况下，上级对下级进行绩效评价就会具有一定的困难性。如果辅导员的绩效评价仅仅来自于上级，这样就在一定上导致了评价结果有失偏颇。而平级同事彼此间的交往较多，彼此之间比较了解，如果来自平级同事之间的评价则具有更大的可行度和可参考性，从而提高绩效评价的公正性和合理性。

第三，能在一定程度上推动绩效评价的发展性。在高校辅导员工作绩效评价中合理地运用360度绩效评价法，可以更好地推动辅导员队伍内部各要素之间的联动，并在一定程度上消除辅导员队伍内部组织和个人之间的沟通障碍。在360度绩效评价过程中，更有利于辅导员组织或个人对自己进行准确地定位，从而参考一定的评价标准，更好地提升自我的工作能力，改善自我的工作态度。

但是需要注意的是，360度绩效评价法也存在一定的缺陷：

第一，360度绩效评价法的操作性不强。要运用360度绩效评价法，需要有足够的成本支持，这就加大了工作难度。在具体实施的过程中，工作时间跨度较大，并且由于信息来源渠道的多样性和复杂性，使得收集到的信息会存在一定的矛盾，对这些错综复杂的信息进行综合，需要花费大量的人力物力，这样就影响了辅导员等相关人员参与评价的积极性，使得评价结果达不到理想的程度。

第二，在评价工作进行的过程，存在一定的作弊行为。在日常工作中，一些工作成员由于不能正确处理来自上级和同事的建议和批评，将这些不满情绪带入到评价工作中。评价工作的进行过程成了发泄私人恩怨的场所，使得360度绩效评价法具有一定的局限性。

因此，在具体运用360度绩效评价法的过程，应当注意以下的三个问题：

第一，在评价工作进行之前，必须获得上级领导的认可。在360度绩效评价法的具体实施过程中会牵涉到不同层次的人员和组织，为了保证工作的顺利开展，必须获得领导的支持。

第二，评价工作应该匿名进行。通过科学的研究，专家发现只有在匿名的情况下，一些真实的信息才会得到呈现。因此，为了确保得到公正合理的评价，在进行360度绩效评价法的时候，应严格维护填表人的匿名权以及对评价结果报告的保密性。当然，对于一些无法实现匿名的情况可以放宽条件和要求，如上级对下级的评价等。

第三，针对作弊的行为，要开展活动以增强评价的责任意识。为了使评价标准在具体工作中的贯彻实施，应对全体辅导员进行相关的培训。通过开展这样的活动，可以在较大程度上，增强评价者的责任意识，把评价中的人为因素降到最低，更好地保证评价活动的公正性和合理性。

（二）目标管理评价法

美国相关专家彼得·德鲁克在《管理实践》首次提出了“目标管理”的概念。目标管理评价法是一种通过确定目标、制订措施、分解目标、落实措施、安排进度、组织实施绩效评价等方法实现发展目标的绩效评价方法。其主要特色在制定相关的规章制度时要从目标出发进行考虑，这样可以有效地调动各方面的积极因素，使每个人在实际工作以积极主动的态度完成自己的目标和计划。

在实施目标管理评价法的过程中，存在反复循环、螺旋上升的现象，这就使得它的基本内容具有周期性的特点。继实现一个目标之后，新的目标随之产生，这样就在更加有效地维持了组织的可持续发展。

应用目标管理评价法的前提是制订不同层次的目标，如最高领导层制定的长期目标，下层组织机构制定的具体工作目标等。在制定目标时，要遵守SMART原则，其具体要求如下：

S（special results）：制定具体的、明确的目标。

M（Measurable）：用数量和影响度来衡量目标。

A（Accepted）：目标的最终确定必须具有可接受性。这就要求，目标的设定不能过高也不能过低，过高会降低员工实现的积极性，过低则会降低员工的工作效能

R（Relevant）；最终设定的目标应与组织的发展与个人的进步密切相关。

T（Time）：目标的最终实现应有一定的时间限制。

在高校辅导员工作绩效的评价工作中，目标管理法也得到了广泛的应用，其主要特色有：

第一，目标明确。如果目标的设定即明确又具有可操作性，这样就可以更好地调动相关人员的工作积极性。目标的设立使得辅导员组织的各级人员明确组织

的总目标及与个人相关的目标，从而引导其更好地投入到工作中去，以更好地完成工作任务。

第二，效率的高效。在推动辅导员队伍建设上，目标管理评价法具有一定的积极作用。这是因为目标管理评价的关注点是结果，这种评价模式促使辅导员组织的各个层面把目标的实现放在首位，并尽力实现目标的完成。当各级目标得到实现完成之时，辅导员组织的总目标也可得到实现，这样就促进和推动了辅导员组织的发展。

第三，调控的有效性。目标管理评价法在设定目标时，是通过上级和下级共同商讨制定的，这样就使得各方的利益和需求得到了全面的考虑。这种方式制定的目标，也有利于目标的调控，更好地促进辅导员组织内部的良性沟通和上下级之间的相互联系，有利于营造和谐的工作环境。同时，组织总目标的制定和实现并不是被动地，在这个过程中，高层通过对结果的监控等手段，及时修改和完善工作中出现的问题。

但是需要注意的是，目标管理评价法也存在一定的缺陷：

第一，过度强调短期目标。与长期目标相比较，短期目标比较具体，在实践过程中比较容易操作，因此大多数目标管理评价中的目标为短期目标，这样就能够在年底加以测评。由于这样的原因，在目标管理评价法的具体实施中，管理者更为偏重短期目标的制定和实施，而对长期目标的关注则较为不足。这样的情况导致了组织成员在一些情况中，试图以长远目标的牺牲来达到短期目标，对组织的可持续发展非常有害。

第二，行为指导的匮乏。对一些辅导员新人来说，固然有制定好的目标，但由于工作经验的缺乏，并不能通过有效的工作行为以达到目标的实现。针对这样的情况，最好的解决措施是为辅导员新人提供相应的“行为步骤”，具体指出怎么做才能更好地实现目标。

第三，目标的设定具有一定的困难性。绩效评价的标准应当根据不同的人的情况进行设定。譬如，因工作岗位、工作年限和工作职级的不同，制定的评价标准和工作目标就应当有所不同。为了使同级之间的辅导员绩效评价具有一定的可参考价值，这样就需要不同职级的辅导员具有不同的评价标准。但是需要注意的是问题是，如何确定这些不同职级评价标准设置的合理性。如果出现不合理的情况，如何进行相应的调整。

第四，对目标进行商定可能在一定程度上加大对管理成本的投入。在目标管理评价法中，如果对目标进行商定，就需要上下级之间进行相应的沟通以统一认识，这是一项费时费力的工作，并且在目标确定的过程中，由于大家大多关注的是个人目标的实现，容易忽视彼此合作以达到总体目标的完成。

（三）关键绩效指标评价法

关键绩效指标是一种通过某一流程的关键参数进行衡量流程绩效的目标式量化管理指标，其理论基础是二八法则，即某一企业在创造价值的过程中，80%的工作任务是由20%的关键行为完成的，因此把握这20%，就可以掌握总局。简言之，关键绩效指标评价法是一种以战略为导向的绩效管理系统，其原则不同于传统的“有什么凭什么”，而是“要什么评什么”。

在高校辅导员工作绩效评价中应用关键绩效指标评价法，指的是在制定辅导员工作绩效评价指标，根据实际的需要，选取一些与组织目标的实现关系联系得较为紧密的工作内容作为评价指标，这样就使得高校辅导员的工作更具有目标性和方向性，也促使了绩效评价对目标实现的最大优化。关键绩效指标评价在不同语境中由不同的含义，下文对此进行分析探讨：

第一，关键绩效指标是一种可以行为化的，以用于绩效评价的指标体系。换个说法也就是，关键绩效评价作为指标体系的一种，必须可以可行为化。如果可行为化的要求不能实现的话，那么此种关键绩效指标就是无效的。

第二，对实现组织战略目标的过程中，起到重要作用的绩效指标被称为关键绩效指标，它在连接个体绩效与组织战略目标、组织内部进行绩效沟通的工作中发挥关键的作用。

在高校辅导员工作绩效评价工作中，关键绩效指标评价法的应用较为多见，因此也引起了众多相关学者的研究。何立群先生曾发表论文《HT大学辅导员绩效管理体系设计》，在这篇论文中，他就是运用的关键绩效指标评价法对大学辅导员的绩效进行分析评价。他运用关键绩效指标评价法为HT大学辅导员绩效管理设计了“资助工作关键绩效指标”（见表6－1）、“年级工作关键绩效指标”（见表6－2）。需要注意的是，关键绩效指标因不同的学校而异。

表6－1 资助工作关键绩效指标

指　　标	满分	考查内容	绩效等级		
			优 8～10分	中 5～7分	差 4分以下
任务完成及时性	10分	各项奖学金评选、贷款材料上交、特困补助申报及时，各项贫困生活动及时			
制度完整性	10分	奖学金、特困补助等评选制度规范、合理、结合院（系）特点			
贫困生受助覆盖率	20分	有多少贫困生获得奖学金以外的资助，覆盖了百分之多少打多少分，乘以2，如780%打14分			
程序规范性	10分	程序符合要求			
到期贷款催还率	10分	催还了百分之多少就打多少分			
贫困生信息完整率	20分	网上信息完成百分之多少就打多少分，乘以2，如78%打14分			

表6－2 年级工作关键绩效指标

指标	满分	考查内容	绩效等级	具体打分
英语四级一次性通过率	10分	二年级末的英语四级通过是否达到85%	达到了，10分	
			没有达到，0分	
优良学风班比率	20分	年级优良学风班所占班级数的比例	达到20%，20分	
			没有达到20%，0分	
与学生谈话完成率	20分	与年级所有学生谈话完成情况	完成了百分之多少打多少分，乘以2	

续表：

指标	满分	考查内容	绩效等级	具体打分
学籍异动情况	10分	学生因为学习原因发生降级和退学人数	人数为0，10分	
			人数为1，5分	
			人数达到和超过2，0分	
考试舞弊情况	10分	学生考场舞弊被教务处处分人数	人数为0，10分	
			人数为1，5分	
			人数达到和超过2，0分	
突发事件处理	10分	及时迅速地处理学生重大突发事件	全部及时迅速处理，10分	
			没及时迅速处理的事件达到2件，5分	
			没及时迅速处理的达到4件及以上，0分	

和其他绩效评价方法相比，关键绩效指标评价法的优势体现在：

第一，在关键绩效指标评价法中，最为重要的是评价指标。在实施关键绩效指标评价法中，首先要建立二八原则，确定出最为高效的绩效评价的指标，这样有利于辅导员在工作的过程中对自己的准确定位，以促进工作的高效完成。

第二，关键绩效指标评价法中的评价指标是非静态的，其设定需要参考高校辅导员队伍建设的实际情况、管理水平。这就是说，关键绩效指标将随着工作的最终高效完成而失去其原有的价值和意义，而将工作的重点转移到其他未完成的工作中去。除此之外，关键绩效指标体系也要随着上级机构的工作重点和内容的改变而有所改变。通过关键绩效指标体系的制定，实现个人目标和组织目标的高度一致，以实现高效辅导员工作的良好运行。

关键绩效指标评价法是一种比较适合在实际中运用的绩效评价方法，但在操作的过程中仍然有一些问题需要注意：

第一，不同的辅导员的工作层面和岗位不同，这样其具体的工作内容也会出现一定的差异性，因此在设定关键绩效指标时，最好分别对待。一般情况下，辅导员组织的战略目标应交由大学的校级机构的领导进行负责，保证辅导员队伍正常运作的工作应交由学院学生工作负责人这样的中层领导负责，而一线辅导员的具体工作内容是负责各项具体指标的实施。

第二，在制定关键绩效指标时，应注意和辅导员的总体发展目标具有协调性。关键绩效指标一经制定，必须保持其的稳定性，除非在特殊情况下，否则一般不能轻易改动。如果进行改动将影响整个关键绩效指标评价体系的运作。一般情况下，关键绩效指标评价体系应在一年内保持稳定。但也会出现例外，如主管部门或高校在某一阶段工作内容会出现变动，这是关键绩效指标也会出现一定的变化。因此关键绩效指标是阶段性、可变性的统一。在具体实施过程中，应注意关键绩效指标和高校辅导员工作发展的紧密结合，避免关键绩效指标和实际工作不对应的情况出现，否则将会出现绩效评价流于形式的问题出现。

第三，在应用关键绩效指标评价法之后，必须进行一定的沟通协调。在绩效评价的发展过程中，其逐渐与奖惩机制挂钩，这样就导致了辅导员抵触绩效评价的情况出现。这种现象与设置绩效评价的初衷向违背，要想改变现状，就要进行一定的沟通工作。具体做法是，上级要和下级保持密切的沟通，以及时并且合理的方式支持下属在工作过程中出现的失误，从而确保工作的顺利开展。

（四）平衡计分卡评价法

平衡计分卡评价法是1992年由复兴国际方案总裁戴维·诺顿（David P. Norton）等人所设计，后在企业管理中逐渐得到普遍应用。在《哈佛商业评论》中，将平衡计分卡看做是走在时代前沿的战略实施工具。其主要特征是，为了完达到战略和绩效的有效结合和协调，将组织的使命战略转化为实际可操作的具体评价指标。目前，在高校中平衡计分卡评价法也得到了广泛地应用。

平衡计分卡技术是建立在组织的战略上的，并以此为基础实现多项衡量方法的有机结合，它的主要内容有财务指标和说明这些财务指标的业务指标。这样就保证了组织在实现财务指标的过程中，也不忽略那么能提高组织核心竞争力的因素，其基本结构图见6－2：

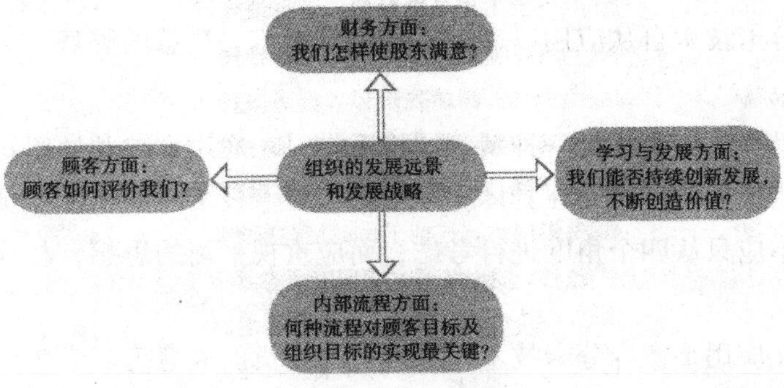

图6－2　平衡计分卡基本结构图

依据上图的建构，可将高校辅导员工作绩效评价中运用平衡计分卡评价法的结构图表现出来，见图6－3。

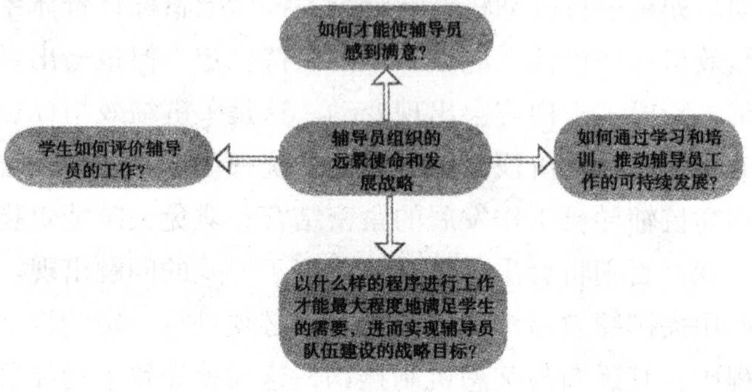

图6－3　高校辅导员工作绩效评价应用平衡计分卡技术的结构图

从高校辅导员工作绩效评价应用平衡计分卡技术的结构图可以看出，平衡计分卡是一项综合评价体系，其以高校辅导员组织的发展为核心重点，在这个基础上以特定的分析手段展开战略指标的评价。它强调的是综合性，其中不仅包括辅导员和学生的满意度，也包括辅导员潜力挖掘与能力提高。其主要特色有：

第一，这种方法将辅导员的日常工作与辅导员组织的战略目标直接挂钩，这样在工作的过程中，辅导员就会明确自己的工作目的所在，正确把握工作的方向感，将工作热情提高到最高水平，以确保组织战略目标的最终实现。

第二，组织内部各部门的运行状况可通过平衡计分卡体系得到准确的掌握。在这个过程中，相关组织也可通过设定指标的方式，及时发现各部门在运作的过程中出现的问题，并借此机会，加强上下属之间的沟通，确保组织的团结。

第三，平衡计分卡技术中关注的是保证战略的核心位置。它通过将战略目标的细分，来提高辅导员的战略能力，更好地实现组织的战略目标。

平衡计分卡技术自从应用以来，出现了一些值得注意的弊病，下文对此进行相应的分析：

第一，平衡计分卡作为一种绩效评价工具，在运用到盈利性组织中不能发挥其应有的效用。因此，我们在具体应用平衡计分卡技术对高校辅导员工作绩效进行评价时，不应只从四个角度进行考虑，而应重视平衡的思想，相应地增减评价指标。

第二，在应用平衡计分卡技术时需要从辅导员的满意度、学生的满意度、辅导员的内部工作流程和辅导员的培训等四个方面来考量辅导员的绩效。因此辅导员就要从更加广阔的视角出发，关注多个指标以实现持续发展。这种方法的有效实施，有利于合理分配高校的有限资源。

二、高校辅导员非系统的考核方式

非系统的绩效评价法包括直接评价式和间接评价式。直接评价式适用于对工作结果进行评价的可见性强的工作，其具有客观性强的优点，但无法准确反映工作的潜能。而间接评价式适用于对工作态度、能力等进行评价的工作，其可准确反映出工作的潜能，客观性却不强。因此在实践过程中，应注意充分考虑把两者进行结合，以实现最佳的考核方式的应用。

（一）书面评价法

书面评价法是本人以书面形式对自身的工作进行评价的考核方式，这种方式在高校中较为常见，比较适用于高校辅导员个人的自我评价，但需要注意的是，其评价对象的数量不能过多。

书面评价法要求高校辅导员认真公正地总结上一时期在工作中出现的不足和取得的成绩，最终以文字的形式呈现出现，并根据上一时期工作的状况提出相应的改进措施。这种评价方式更适合于评价主体的自我反省和改进，具有一定的积极影响。在实际操作过程中，高校辅导员通常需要填写一张自我评价表格（见表6－3），以这种形式对自己的工作状况进行系统的分析，以改进工作中存在的缺陷和不足。

表6－3　高校辅导员工作自我评价表（样例）

<table>
<tr><td>单位</td><td></td><td>姓名</td><td></td><td>职务</td><td></td></tr>
<tr><td colspan="6">工作总结：

________年________月________日</td></tr>
<tr><td colspan="6">自我评价：

</td></tr>
</table>

续表：

	优秀	良好	一般	较差
工作成果				
工作能力				
工作态度				
工作评价： ______年______月______日 签字______				
备注：				

在实际运用过程中，书面评价法也存在一定的局限：其一是辅导员个人对自我进行全面评价的整个过程比较浪费时间；其二因各人写作技巧和风格的不同，评价结果也会出现相应的影响，出现评价结果和实际情况不相吻合的情况；其三是评价方法偏于主观，这样就导致了评价结果的客观性受到了很大程度的影响。因此，最好在运用书面评价法中结合其他的评价方法进行参考，这样才能在最大限度上提高评价结果的客观性。

（二）排序评价法

排序评价法是在一定范围内，按照某种评价指标对高校辅导员的绩效进行排序的一种评价方法，是绩效评价中比较简单且易行的方法。不同于其他绩效评价方法以分数最终呈现评价结果，排序评价法是通过对比的方式呈现最终的评价结果。这就是说排序评价法关注的比较，而不是具体的分数。排序评价法主要有三种类型。包括简单排序法、交错排序法、强制分布法。简单排序法是按照评价主体的绩效按照从优到差的次序进行排次。交错排序法是选择法的演变类型。强制分布法是一种评价结果分为五个等级：优秀、良好、一般、较差和最差，然后对评价主体进行强制性分类的评价方法。

（三）配对比较法

配对比较法是一种将评价对象进行配对比较的绩效评价方法，在实际操作过程中，需要按照评价指标将评价对象和其他的评价对象进行对比，然后按照对比的结果，对他们的绩效名次排序。比如在对五名辅导员运用配对比较法进行工作绩效评价时，需要先制订出一份对比表格（见表6－4），在表中需要写出参与评价的辅导员的姓名和评价的工作指标。然后用“＋”（好）“－”（差）的标注方法表明对老师绩效评价的结果。

当对比工作结束之后，需要对各个辅导员在每项指标上的比较结果进行简单的相加处理，“＋”号越多表示绩效评价结果越好，“－”号越多表明绩效成绩越差。最后进行综合处理，给出最终的绩效成绩名次。

配对比较法是通过对每个评价主体进行对比得出的结果，因此得出的成绩更具有参考价值。但由于其操作繁琐，只适合于小范围的绩效评价。如表6－5所表明的那样，如果评价对象是5人，就需要进行10的对比；而当评价对象是100人时，相应地需要对比45次，比较费时费力。在对多数的辅导员进行绩效评价时，配对比较法就失去了其优势。另外需要注意的是，配对比较法的最终呈现结果是孰优孰差，而对具体的差距却不能得到具体的反映，因而不能得出关于工作能力和态度的真实情况。

表6－4　配对比较法（样例）

工作态度						工作能力					
被评价者姓名						被评价者姓名					
比较对象	王某	张某	李某	刘某	赵某	比较对象	王巢	张某	李某	刘某	赵某
王某		＋	＋	－	－	王某		－	－	－	－
张某	－		－	－	－	张某	＋		－	＋	＋
李某	－	＋		＋	－	李某	＋	－		－	＋
刘某	＋	＋	－		＋	刘某	＋	＋	＋		－
赵某	＋	＋	＋	－		赵某	＋	－	－	＋	
统计	2＋ 2－	4＋	2－ 2＋	3－ 1＋	3－ 1＋	统计	4＋	3－ 1＋	3－ 1＋	2－ 2＋	2－ 2＋

（四）面谈评价法

面谈评价法是绩效评价中最为重要的一种评价方法，它可以运用在高校辅导员工作绩效评价的任何环节中。例如，在实际工作中，辅导员的上级领导应主动按时和高校辅导员用面谈的方式进行交流，对辅导员工作的进度有一个直观清晰的了解，以正确制定下一阶段的目标和任何，更好地指导辅导员的工作。在此基础上，最好设定合理有效的申诉制度，这样便可以实现上级和下属之间的双向沟通，以更好地解决工作中存在的问题。

面谈评价法不仅可以用于评价辅导员在日常工作中的绩效，也可应用于对辅导员的晋升等环节的考核。这一方法的应用主要是为了弥补排序评价法等其他方法的缺陷，更全面地对辅导员进行评价。为了在更大程度上实现面谈评价法的客观性，一般需要 3 ~ 5 人的评价小组与评价主体进行面谈，然后综合评价小组的总体意见给出最后的凭借结果。

面谈评价法发挥自身优势最合理的办法是和其他的评价方法结合起来进行应用，但单独使用面谈评价法也达到理想中的结果。

第三节　高校辅导员绩效考核体系构建

一、高校辅导员绩效考核体系构建的原则

在构建高校辅导员绩效考核体系时，必须依据一定的原则，这样才能保证成型的绩效考核体系达到预期的效果。具体主要包括：导向性原则，系统性原则，公平、公正、公开原则，有效性原则。

（一）导向性原则

在选择评价内容时需要依据导向性原则，这在确定高校辅导员工作的目标方面有着不容忽视的作用。绩效评价指标的设计可以使辅导员获悉高校对其工作的具体要求，从而指引辅导员下一阶段工作的努力方向，并及时改正在上一阶段工作中出现的工作失误，调整工作态度懒散等问题，以此为基础确定未来的目标，并制定实现该目标的计划，从而在实现自己的工作目标的基础上，实现高校的战略目标。

（二）系统性原则

系统性原则指的是在进行高校辅导员绩效考核时，必须对辅导员所有工作过程的各个细节和要素进行考量，其主要有四个特点：

第一，全面性。在考核过程中，应保证所有的参考指标和工作过程都被考虑

进去，并尽量考虑到与考核主体相关的数量问题和内在规律等。

第二，层次性。在进行高校辅导员考核时，需要从宏观的角度出发，对各个考核的项目有一个全面的了解，在此基础上，根据其注重程度设置权重。

第三，协调性。指标体系的各个要素之间，其逻辑关系必须明晰。哪种要素是重点，哪种要素是次重点，哪种要素不重要，必须做出明确的区分。

第四，连贯性。在进行高校辅导员绩效考核时，应保证其结果的全面性和合理性，因此学生、辅导员、上级部门都要参与到绩效评价中来，并要根据不同的绩效考核要求，相应地改变权重水平。

（三）公平、公正、公开原则

在进行高校辅导员绩效考核之前和进行的过程中，都需要保证公平、公正、公开原则，这是得到合理有效的考核结果的必要条件。该原则主要体现在两个方面：

第一，标准客观统一。在合理分析辅导员工作职责后，初步制定出一个较为合理的评价标准。评价标准的制定过程，其实就是组织把对组织成员的期望和要求传达给组织成员的过程。因此，在制定评价标准时，需要保证每一项评价标准对任何一个辅导员都是公平公正地。

第二，评价结论要得当。在对辅导员的工作绩效进行评价时，必须严格按照已制定好的评价标准，确保结果的客观性和公正性。

（四）有效性原则

有效性原则主要有三方面的内容，即坚持可行性，坚持实用性，坚持可操作性。

第一，坚持可行性。这指的是指标体系的设定应以降低评价信息的处理时长为主要追求，从而改善绩效评价工作效率低下的弊病。

第二，坚持实用性。评价指标体系应具有客观的内容，简要的评价指标和精确的评价标准。

第三，坚持可操作性。考核程序必须具有合理性，这需要对考核程序进行优化来实现。为了使考核主体对考核评价系统有一个清晰的了解，需要在一定程度上简化绩效考核评价方法，使考核评价活动更易开展。

二、高校辅导员绩效考核体系的建立

合理有效的绩效评价体系时是证绩效评价顺利开展的首要条件，更有利于实现辅导员工作绩效评价的科学化。本小节主要介绍高校辅导员绩效考核体系建立的基本情况。

（一）高校辅导员绩效考核体系建立的理论基础

1. 马克思主义价值理论

在马克思主义价值理论看来，商品生产者的劳动能否创造社会价值，能创造多大的社会价值，取决于该种劳动在多大程度上能符合社会分工的需要。即决定商品价值是生产商品的社会必要劳动时间。新古典经济学消费者均衡理论进一步将私人劳动转化为社会劳动的条件归结为商品的边际效用必须大于或等于货币的边际效用。也就是说，私人劳动转化为社会劳动的条件是，一种产品能够同时给消费者和生产者带来边际净收益。从马克思主义价值理论层面进行考虑，辅导员考核体系在协调师生关系的同时，也要兼顾学校的发展和教师劳动关系，必须把辅导员队伍的建设纳入到整个高等教育发展大局中去。

2. 思想政治教育学理论

在素质结构理论中，把人的内在之物看做是素质本身。此理论将高校思想政治工作人员的素质内容细分为五个方面，即“二要素论”、“三要素论”、“四要素论”、“五要素论”、“六要素论”。其中“五要素论”认为辅导员需要拥有五种基本素质，即政治、思想、文化、能力和身体素质。而“五要素论”认为辅导员需要拥有六种基本素质，及政治、思想、道德、知识、心理和能力素质。后来“九要素论”综合了以上的观点，认为辅导员需要具备政治、思想、道德、法律、知识、能力、创新、心理和身体素质。

3. 人力资源管理理论

“为什么评价、评价什么、如何评价、由谁来评价以及评价频率”是人力资源管理理论中首要考虑的问题。人力资源管理理论将辅导员的绩效考核内容分为德、能、勤、绩四个方面，划分为特征考核、行为考核和结果考核三种类型。在人力资源管理理论中，绩效考核结果是组织成员晋升、晋级和奖惩的重要依据。

目前，从人力资源管理理论出发研究辅导员的绩效考核成为了国内外学者的主要关注点

（二）高校辅导员绩效考核指标的确定

1. 高校辅导员绩效考核指标体系的确立

在确立高校辅导员绩效考核指标时，多应用关键绩效指标方法（KPI）进行分析。在此基础上得出在确立具体的指标体系时，应当主要考虑两方面的内容：第一，工作结果必须对学校和学生有益；第二，辅导员的工作努力对自身的发展有益。在考虑这两方面的基础上，要严格以“政治强、业务精、纪律严、作风正”作为关键依据建立高校辅导员考核的指标体系。

2. 考核指标体系权重的确定

在确定考核指标体系权重的过程中，多应用层次分析法（AHP）进行分析和确定指标权重。在具体实施过程中，需要分别对待不同的绩效考核指标体系，严格按照既定程序，即构造层次模型、建立判断矩阵、计算权重向量、一致性检验等来确定各指标因素的权重。只有依据这样的考核方法，才能真正实现绩效考核的公正性和合理性。

（三）高校辅导员绩效考核指标体系的具体设计

绩效考核具有一定的层级性，不同层级因发展目标、工作关注点的不同，设计的绩效评价指标也会随之不同。在高校辅导员工作绩效评价中，有两个主要的层级：一是基于高校辅导员组织的绩效评价；二是基于高校辅导员个人的绩效评价。由于评价对象的不同，在具体设计绩效评价指标时，也出现相应的差异。

1. 高校辅导员组织绩效考核

表6－5　高校辅导员组织的绩效评价体系及评价标准

一级指标	二级指标	三级指标	指标权重
高校辅导员工作的重视程度	指导思想	坚持以马列主义、毛泽东思想与中国特色社会主义理论体系为指导	2
	发展目标	坚持以职业化、专业化为发展目标，各种相关制度健全	2
	领导体制	有专职校领导负责	2
		有校学生工作领导小组	2
		实行学校和院（系）双重领导体制	2
	制度保障	有辅导员准入机制的相关制度	2
		有辅导员培养机制的相关制度	2
		有辅导员管理与考核机制的相关制度	2
		有辅导员发展机制的相关制度（职务、职称晋升制度等）	2
	政策环境	辅导员队伍建设有专门的经费保障	2
		辅导员享有专门的岗位津贴	2
		辅导员享有专列的职称评定政策	2
		有专门为辅导员设立的科研经费	2
		为辅导员承担必要的教学任务提供一定的政策保证	2

续表:

一级指标	二级指标	三级指标	指标权重
辅导员队伍的长效机制建设	准入机制	公开招聘、严格考核	2
		选聘标准符合教育部相关要求	2
		选聘人员的年龄、专业、职称情况符合辅导员队伍建设的要求，形成合理的梯队	2
	培养机制	建立多层次多渠道的辅导员培训体系，要有相应的岗前培训、岗上培训等相关制度	2
		选拔和推荐优秀的辅导员攻读思想政治教育专业硕士和博士学位	2
		为辅导员提供国内外进修和提高的机会纳入学校教师培训计划	2
		定期举办辅导员论坛。搭建辅导员学习、交流的平台	2
		定期组织辅导员学习和考察活动	2
	管理机制	有相应的辅导员工作管理规定，落实工作责任制	2
		对辅导员工作实行定期考核与评价，并将考评结果与辅导员的晋升、晋级及其他奖惩挂钩	2
	发展机制	有辅导员队伍建设与发展规划	2
		辅导员流动方向合理	2
		辅导员有双线晋升的优惠待遇	2
		岗位配备符合教育部要求	2
辅导员队伍的基本状况	辅导员队伍的机构状况	年龄结构合理	3
		学缘结构合理	3
		职称机构合理	3
		专兼职比例合理	3
	辅导员队伍的基本素质与能力状况	具备辅导员必备的思想政治素质	2
		具备辅导员必备的道德素质	2
		具备辅导员必备的文化素质	2
		具备辅导员必备的心理素质	2
		具备辅导员必备的学习能力	2

续表：

一级指标	二级指标	三级指标	指标权重
辅导员队伍的基本状况	辅导员队伍的基本素质与能力状况	具备辅导员必备的教育引导能力	2
		具备辅导员必备的组织管理能力	2
		具备辅导员必备的服务学生能力	2
		具备辅导员必备的进行网络思想政治教育能力	2
		具备辅导员必备的从事教学和科研能力	2
	辅导员队伍的工作状况	工作准备情况（参照表6－7）	2
		工作过程情况（参照表6－7）	10
		工作效果情况（参照表6－7）	10
		加分情况（参照表6－7）	
		减分情况（参照表6－7）	
		一票否决情况（参照表6－7）	

2. 高校辅导员个人绩效考核

表6－6　高校辅导员个人绩效评价体系及评价标准

一级指标	二级指标	三级指标	指标权重
高校辅导员素质与能力要求	思想政治素质	坚定共产主义信念，坚持思想基本原则，自觉拥护党的方针政策	3
		具有科学的世界观和人生观，有强烈的事业心和社会责任感	3
	道德素质	具有为人民服务和助人为乐的高尚品德，具有崇高的教师职业道德	3
	文化素质	准确完整地掌握以马克思主义基本理论和中国特色社会主义理论体系和高等教育的基本理论	3
		掌握思想政治教育的专业理论和专业知识，掌握教育学，心理学的基本理论和基础知识	3
		具有广博的人文社会科学知识	

续表：

一级指标	二级指标	三级指标	指标权重
高校辅导员素质与能力要求	心理素质	体魄健全，心胸开阔，乐观向上，意志坚定，具有健康的人格	3
		兴趣爱好广泛，并能将个人的兴趣、爱好和本职工作相结合	3
		具有完善的自我意识、协调的行为特征、较高的自信心和接受现实挑战的勇气	3
	学习能力	具有学习和运用政治理论的能力、不断进行自我更新的能力	3
	教育引导能力	具有组织教育能力、观察分析能力、疏导说理的能力、人际关系的协调能力	3
	组织管理能力	具有领导管理能力、统筹规划能力、科学决策能力、表达能力、归纳总结能力	3
	服务学生能力	具有开展心理健康教育的知识与能力、指导学生学习和选择专业及课程的能力、指导毕业生就业及生涯规划的能力	3
	应对突发事件和复杂局面能力	要有应对突发事件和复杂局面的预案，具有审时度势、灵活反应、当机立断的能力	3
	从事网络思想政治教育能力	能够利用 BLOG、QQ、MSN 等网络平台开展思想政治教育活动	3
	教学与科研能力	具有从事教学的能力，承担一定的思想政治理论课与人文素质教育课程；具有调查研究的能力和科学研究的能力	3

续表：

一级指标	二级指标	三级指标	指标权重
高校辅导员工作要求与工作职责效果	工作准备	教育观念先进，强调学生的主体性、能动性，能激发学生学习的自主性	3
		工作资料收集全面，准确，启发学生效果好	3
		教育目标明确、集规范性、前瞻性、发展性于一体	3
		工作计划明确，教育活动设计合理	3
	工作过程	思想政治教育内容具有系统性、前沿性、新颖性，体现教育性、管理性、服务性和辅导性	3
		工作进程注重循序渐进和连续性，工作有条不紊	
		工作方法实用、灵活，教育学生能采用启发式、参与式、讨论式等方法	3
		能运用先进的教育科技手段，根据学生的个性特点，因材施教	3
		师生关系融洽，工作气氛活跃，学生普遍响应，活动参与积极性高；能与领导、同事和睦共处	3
	工作成果	通过课堂教学、校园文化等多渠道、多形式做好大学生日常思想政治教育；重视大学生党团活动开展，帮助大学生树立正确的世界观、人生观、价值观	5
		了解和掌握大学生思想政治状况；引导学生积极开展和参加校园文化活动；积极开展就业指导和服务工作；从学生的具体事务入手，抓学生的行为养成教育；维护学生正常的学习秩序、生活秩序、活动秩序	5
		建立健全学风建设的规章制度，经常开展有利于学风建设的活动，开展优良学风班、“三无”（无降级、无退学、无考试违纪）班级创建	5
		指导学生会、社团联合会、学生党支部、团支部、班委会以及其他学生组织的建设；抓好大学生入党工作，引导学生自我教育、自我管理、自我服务	5
		抓好特困生和其他弱势学生群体工作；抓好学习困难生工作；抓好违纪生的工作；对有心理障碍和疾患的学生要进行心理健康教育，积极进行心理疏导和咨询服务	5

续表：

<table>
<tr><th>一级指标</th><th>二级指标</th><th>三级指标</th><th>指标权重</th></tr>
<tr><td rowspan="9">附加项目</td><td>加分项目</td><td>所指导的学生获国家奖励的每人次加 5 分，获省部（市）奖励的每人次加 2 分；集体获国家奖励的加 10 分，获省部（市）奖励的加 5 分</td><td>最高不超过十分</td></tr>
<tr><td>加分项目</td><td>个人获奖励按国家、省部（市）、学校等级，分别加 10 分、5 分、3 分
主持国家级、省部（市）级、学校级科研项目，分别加 10 分、5 分、2 分
以第一作者在期刊上发表学生工作论文的，核心期刊加 5 分，一般期刊加 3 分，论文集加 2 分
出版专著加 10 分；参编著作 10 万字、5 万字、2 万字以上的，分别加 10 分、5 分、2 分
为学校发展和学生工作做出突出贡献加 5 分
特色工作亮点突出，在校内外产生较大影响加 5 分
特色活动、创造性活动每项在学年考核总分中加 2 分</td><td>最高不超过 10 分</td></tr>
<tr><td rowspan="2">减分项目</td><td>开除学籍处分每人减 3 分
留校察看处分每人次减 2 分
记过以下（含记过）每人次减 1 分
有辅导员自行发现并积极处理的情况除外</td><td>1 ~ 3</td></tr>
<tr><td>发生学生安全责任事故的，在学年考核总分中酌情减分
出现重大责任事故，取消当年度评优的资格</td><td>1 ~ 3</td></tr>
<tr><td>政治问题</td><td>在事关政治原则、政治立场和政治方向等问题上不能与党中央保持一致</td><td>一票否决</td></tr>
<tr><td>道德问题</td><td>违反党纪国法，违反岗位职业道德，造成严重影响，受到校级以上通报批评</td><td>一票否决</td></tr>
<tr><td>纪律问题</td><td>违反校规校纪，一学年内未经请假无故缺勤或请假未准缺勤达 15 天以上；受到 2 次以上校通报批评的</td><td>一票否决</td></tr>
<tr><td>责任事故</td><td>在学生非正常死亡、火灾、严重打架斗殴或严重群体事件中因工作不到位或失职而负主要责任的</td><td>一票否决</td></tr>
<tr><td>学生满意度</td><td>学生民主测验满意度 60% 以下</td><td>一票否决</td></tr>
</table>

第六章　高校辅导员队伍建设的现实举措

第一节　辅导员队伍建设制度不断完善

一、辅导员队伍的组织保障

一是，选聘机制的建立与完善。辅导员的选聘工作是辅导员队伍建设好的第一道关口，是极其重要的一道关口。从事辅导员工作时，必须要有充分的思想准备。学校主管部门要严把辅导员选拔关口，选聘那些政治素质好、道德品质高、业务能力强、作风纪律严的优秀人才进入辅导员队伍中，真正把心思放到“立德树人”工作上。辅导员采用组织推荐与公开选拔两种方式，进一步规范辅导员的选拔程序，通过岗位的考验，如资格审核、笔试、面试等，把优秀人才吸纳到辅导员队伍中来。

加强对辅导员选聘工作的研究，深入到辅导员选聘工作中的关键环节，如资格审查标准、笔试试题、面试方式等，将这些关键性环节与辅导员的工作内容、职业发展等紧密联系起来，选拔更加适合辅导员岗位的人才。

二是，领导管理机制的建立与完善。在学校层面来讲，加强辅导员队伍建设的统一领导和指导，成立辅导员队伍建设的领导小组，充分发挥统筹协调和领导指导作用，保障辅导员队伍建设相关体制机制的有效落实，负责制定辅导员队伍建设的总体规划，以及各项制度和文件的拟定，开展辅导员队伍的选拔、管理、考核、晋升等工作。

三是，培养机制的建立与完善。对于提升辅导员业务能力素质的重要途径，就是通过教育培养，积极搭建各类辅导员培训平台，制定培训计划；重视新上岗培训的辅导员，在各个方面，如政策法规、业务能力、工作内容、方式方法等给予全面的培训提升，帮助其迅速适应岗位需求；辅导员专业化内容培训的加强，通过搭建交流平台，使辅导员与辅导员之间、辅导员与外部之间相互交流与学习。

辅导员队伍的科研能力培养要加强对，引导辅导员朝着专家化方向发展。辅导员的培养是要帮助其尽快明确研究领域和方向，如果条件允许，要给辅导员配备职业发展导师，专门指导其研究工作的开展。

二、辅导员队伍的文化氛围

职业文化是形成独具特色的职业文化的土壤，也是辅导员职业化发展的必经阶段。辅导员要成长为教育者或成为学生的人生导师和知心朋友，都是离不开文化的涵养与提升。要提升辅导员职业的社会认同度，就要在立德树人的过程中发挥关键的影响力，可以这也是离不开职业文化的外部影响力的。

首先，辅导员职业化的发展必须要有良好的辅导员职业文化氛围。辅导员职业文化集中反映了辅导员群体的思维方式、精神品质、气质特征、价值取向等特征，是真正实现“职业化”的表征。其次，辅导员职业文化通过辅导员职业活动影响其工作对象的群体文化。最后，辅导员职业文化丰富了大学文化的内涵。辅导员群体可以是学生眼中大学文化缩影，也可以是培育学生对大学文化产生认同感的中坚力量。

职业文化的实现途径：一是要提高辅导员的职业认同感，让辅导员明白其所从事的工作是极具价值和意义的，既是针对学生，又是针对自己；二是要提高辅导员的职业责任感，让辅导员的社会主义核心价值观在心中生根发芽，强调其“爱岗、敬业”的核心价值，承担立德树人根本任务；三是要提高辅导员的职业幸福感，包括精神和物质两个层面。

三、辅导员队伍的训练体系

辅导员作为引领者、助力者、聚能者以及化和者，既要了解学生的需要是什么，还要了解自身在育人过程中需要什么，进行有效的职业训练。

（一）引领型素能养成

辅导员作为学生健康成长成材的指导者和引路人，要帮助大学生树立正确的世界观、人生观、价值观，养成良好的道德品质、心理品质和优良品格等，把大学生的需求放在心上，促进大学生自由全面的发展。辅导员引领型素能包括政治引领、道德引领以及文化引领三方面内容。

对于辅导员引领型素能的培养：一是加强辅导员哲学修养的提升；二是重视提升辅导员个人职业能力和职业道德水平；三是辅导员要具有一定的学科专业知识，为学生提供切实、有效的帮助，有说服力地引导学生将社会、国家的需要紧密贯穿到自身的规划过程中去；四是辅导员要有个人魅力和感召力，赢得学生的尊重和信任，从而保障三大引领能力的顺利发挥。

如表 7－1 所示，引领型素能对应的学生需求与辅导员培训。

表 7－1　引领型素能的养成

	学生需求	辅导员素能	辅导员素能培训
引领型素能	自尊、自爱、自强、自律的需求 个人发展的需要 理想抱负实现的需要 专业技术发展的需要 自由全面发展的需要	政治引领能力 道德引领能力 文化引领能力	哲学修养提升培训 职业能力和职业道德培训 学科专业知识培训 个人魅力培训

（二）助力型素能养成

辅导员“助力型素能”包括助力学业规划、助力职业生涯规划、助力第二课堂发展三方面内容。对于高质量第二课堂的打造，辅导员需要放手让学生锻炼与成长。同时辅导员自身也要具备活动策划、文案写作、办会办事的专业素养，为学生提供帮助和服务。

辅导员助力型素能的培养：一是通过能力提升计划，全面培养辅导员的领导力、口头和书面表达、团队合作等能力；二是专业技能方面的培训；三是辅导员必须提供高质量，更好地助力学生第二课堂的发展，让学生感兴趣，并且有助于学生能力提升的实践教学内容。

如表 7－2 所示，助力型素能对应的学生需求与辅导员培训。

表 7－2　助力型素能的养成

	学生需求	辅导员素能	辅导员素能培训
助力型素能	领导力提升的需要 沟通能力提升的需要 团队合作的需要 学业规划的需要 就业指导的需要	学业规划能力 职业生涯规划能力 助力第二课堂的能力 活动策划能力 文案写作能力 办会办事能力	能力提升计划 专业技能培训 活动项目培训

（三）聚能型素能养成

聚集资源有集聚资源，提供发展平台，汇聚资源，形成教育合力，凝聚力量，形成团队影响力等内容。所以辅导员要善于凝聚周围优秀的力量，影响周围的同学，形成团队影响力。

辅导员聚能型素能的培养：一是培养辅导员的协同能力；二是培训辅导员沟通、应变的能力；三是提升辅导员人格修养。

如表7－3所示，聚能型素能对应的学生需求与辅导员培训。

表7－3　聚能型素能的养成

	学生需求	辅导员素能	辅导员素能培训
聚能型素能	人际交往的需要 竞争与合作的需要 沟通的需要 尊重的需要 自我实现的需要 归属感的需要	整合能力 沟通、应变能力 理解尊重学生的能力	协同能力培训 沟通、应变能力培训 人格修养方面的培训

（四）化和型素能养成

“化和型素能”具体包括以下三方面：

一是，化解思想困惑，提供思维正能量。要求辅导员了解当代大学生的思想变化，塑造正确“三观”。二是，化解身心矛盾，促进和谐发展。三是，化解发展困难，消除后顾之忧。

高校辅导员化和型素能的培养：一是马克思主义理论修养提升和培训；二是心理学知识和危机干预技巧方面的培训；三是资助政策、校园安全知识方面的培训。

如表7－4所示，化合型素能对应的学生需求和辅导员素能培训。

表7－4　化合型素能的养成

	学生需求	辅导员素能	辅导员素能培训
化和型素能	身体健康的需要 心理健康的需要 “三观”重塑的需要 经济帮扶的需要 学习帮扶的需要 物理环境安全需要	化解思想困惑的能力 化解身心矛盾的能力 化解发展困难的能力	马克思主义理论修养、“三观”培训 心理学、危机干预培训 资助政策、校园安全知识培训

总之，辅导员职业训练体系是一项规模宏大的系统工程，在制定相关制度时必须要进行充分的考虑，更有利于提升辅导员全面的综合素能。

四、辅导员队伍的绩效评估

辅导员身份的标识，地位与作用的明确，同时辅导员队伍的规模也得到了跨越式的扩充。因此在面对已经规模化的辅导员群体，如何使辅导员这支年轻且充满可塑性的队伍，全身心、高绩效的投入到工作中，是高校需要面临的重要任务，面对这样一个重要的任务，需要建立一个辅导员评估体系（图 7－1）。

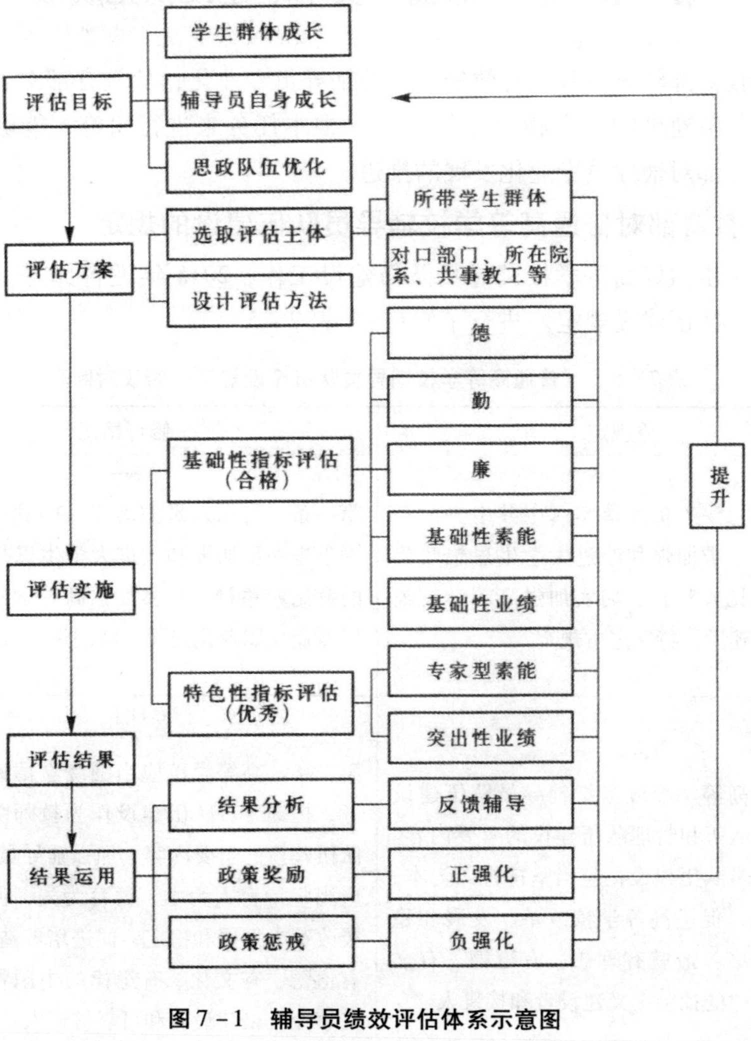

图 7－1　辅导员绩效评估体系示意图

第一，在确定评估目标时，细化为学生群体成长、辅导员自身成长和思政队伍优化三个维度。第二，制定评估方案，选取评估主体和设计评估方法，要特别注意合理吸收学生的反馈评价，同时还要兼顾部门、院系和所处群体的评价。第三，在具体实施绩效考核的过程中区别基础性指标和特色性指标。第四，得出评估结果，但要注重对评估结果的运用。同时，与绩效评估结果相匹配的政策性奖励或惩戒也必不可少。

第二节　教育部辅导员基地建设初见成效

关于教育部辅导员基地有效推进高校辅导员专业化，从教育部对普通高等学校辅导员队伍建设的规定和“立德树人”根本任务来进行研究，能够更好地深入了解教育部对辅导员专业化发展的推进。

一、教育部对普通高等学校辅导员队伍建设的规定

为进一步做好高等学校辅导员队伍建设工作，2015 年教育部对《普通高等学校辅导员队伍建设规定》进行了修订。（表 7－5）

表 7－5　《普通高等学校辅导员队伍建设规定》修改对照表

原规定	修订情况
第一条　为深入贯彻落实《中共中央国务院关于进一步加强和改进大学生思想政治教育的意见》精神，切实加强高等学校辅导员队伍建设，特制定本规定	第一条　为深入贯彻落实《中共中央国务院关于进一步加强和改进大学生思想政治教育的意见》精神，切实加强高等学校辅导员队伍专业化职业化建设，特制定本规定
第二条　高等学校应当把辅导员队伍建设作为教师队伍和管理队伍建设的重要内容。加强辅导员队伍建设，应当坚持育人为本、德育为先，促进高等学校改革、发展和稳定，促进培养造就有理想、有道德、有文化、有纪律的社会主义建设者和接班人	第二条　高等学校应当围绕立德树人根本任务，把辅导员队伍建设作为教师队伍和管理队伍建设的重要内容。加强辅导员队伍建设，应当坚持育人为本、德育为先，促进高等学校改革、发展和稳定，促进培养造就有理想、有道德、有文化、有纪律的中国特色社会主义事业合格建设者和可靠接班人

续表：

原规定	修订情况
第四条　辅导员工作的要求是： （一）认真做好学生日常思想政治教育及服务育人工作，加强学生班级建设和管理 （二）遵循大学生思想政治教育规律，坚持继承与创新相结合，创造性地开展工作，促进学生健康成长与成才 （三）主动学习和掌握大学生思想政治教育方面的理论与方法，不断提高工作技能和水平 （四）定期开展相关工作调查和研究，分析工作对象和工作条件的变化，及时调整工作思路和方法 （五）注重运用各种新的工作载体，特别是网络等现代科学技术和手段，努力拓展工作途径，贴近实际、贴近生活、贴近学生，提高工作的针对性和实效性，增强工作的吸引力和感染力	第四条　辅导员工作的要求是： （一）爱国守法。热爱祖国，热爱人民，拥护中国共产党的领导，拥护中国特色社会主义制度。遵守宪法和法律法规，贯彻党的教育方针，依法履行教育职责，维护校园和谐稳定。不得有损害党和国家利益以及不利于学生健康成长的言行 （二）敬业爱生。热爱党的教育事业，树立崇高职业理想，以献身教育事业、引领学生思想和服务学生成长为己任。真心关爱学生，严格要求学生，公正对待学生。不得损害学生和学校的合法权益。在职责范围内，不得拒绝学生的合理要求 （三）育人为本。把握思想政治教育规律和大学生成长规律，引导学生培育和践行社会主义核心价值观。增强学生社会责任感、创新精神和实践能力。尊重学生独立人格和个人隐私，保护学生自尊心、自信心和进取心，促进学生全面发展，为党和人民事业培养合格建设者和可靠接班人 （四）终身学习。坚持终身学习，勇于开拓创新，主动学习思想政治教育理论、方法及相关学科知识，积极开展理论研究和实践探索，参与社会实践和挂职锻炼，不断拓展工作视野，努力提高职业素养和职业能力 （五）为人师表。学为人师，行为世范。模范遵守社会公德，引领社会风尚，以高尚品行和人格魅力教育感染学生。不得有损害职业声誉的行为

续表：

原规定	修订情况
第五条　辅导员的主要工作职责是： （一）帮助高校学生树立正确的世界观、人生观、价值观，确立在中国共产党领导下走中国特色社会主义道路、实现中华民族伟大复兴的共同理想和坚定信念。积极引导学生不断追求更高的目标，使他们中的先进分子树立共产主义的远大理想，确立马克思主义的坚定信念 （二）帮助高校学生养成良好的道德品质，经常性地开展谈心活动，引导学生养成良好的心理品质和自尊、自爱、自律、自强的优良品格，增强学生克服困难、经受考验、承受挫折的能力，有针对性地帮助学生处理好学习成才、择业交友、健康生活等方面的具体问题，提高思想认识和精神境界 （三）了解和掌握高校学生思想政治状况，针对学生关心的热点、焦点问题，及时进行教育和引导，化解矛盾冲突，参与处理有关突发事件，维护好校园安全和稳定 （四）落实好对经济困难学生资助的有关工作，组织好高校学生勤工助学，积极帮助经济困难学生完成学业 （五）积极开展就业指导和服务工作，为学生提供高效优质的就业指导和信息服务，帮助学生树立正确的就业观念 （六）以班级为基础，以学生为主体，发挥学生班集体在大学生思想政治教育中的组织力量	第五条　辅导员的主要工作职责是： （一）深入开展中国特色社会主义理论宣传教育，帮助高校学生树立正确的世界观、人生观、价值观，确立在中国共产党领导下走中国特色社会主义道路、实现中华民族伟大复兴的共同理想和坚定信念，不断增强中国特色社会主义的道路自信、理论自信、制度自信。积极引导学生不断追求更高的目标，使他们中的先进分子树立共产主义的远大理想，确立马克思主义的坚定信念 新增（二）深入开展社会主义核心价值观教育，综合运用教育教学、实践养成、文化熏陶、研究宣传等方式，把社会主义核心价值观落实到学生日常管理服务各个环节，形成高校学生的日常行为准则，使高校学生自觉将社会主义核心价值观内化于心、外化于行 （三）开展心理健康教育与咨询工作，协助学校心理健康教育机构开展心理筛查，对学生进行初步心理排查和疏导，组织开展心理健康教育宣传活动，引导学生养成自尊自信、理性平和、积极向上的良好心态，增强学生克服困难、经受考验、承受挫折的能力 新增（四）积极学习和运用现代信息技术，构建网络思想政治教育阵地，加强与学生的网上互动交流，围绕学生关注的重点、难点、热点进行有效舆论引导，丰富网上宣传内容，努力把握网络舆论的话语权和主导权；及时了解网络舆情信息，密切关注学生的网络动态，敏锐把握一些苗头性、倾向性、群体性问题

续表：

原规定	修订情况
（七）组织、协调班主任、思想政治理论课教师和组织员等工作骨干共同做好经常性的思想政治工作，在学生中间开展形式多样的教育活动 （八）指导学生党支部和班委会建设，做好学生骨干培养工作，激发学生的积极性、主动性	（五）了解和掌握高校学生思想政治状况，针对学生关心的热点、焦点问题，及时进行教育和引导，化解矛盾冲突，参与处理有关突发事件，维护好校园安全和稳定 （六）做好学生日常事务管理工作，开展新生入学教育，做好毕业生离校教育、管理与服务工作，组织好学生军训工作，有效开展助、贷、勤、减、补工作，做好学生奖励评优和奖学金评审工作，为学生日常事务提供基本咨询，指导学生开展宿舍文化建设 （七）积极开展学业指导，组织开展学风建设、课外学术实践活动，指导学生养成良好的学习习惯，增强学生的专业认同和学习热情；开展职业规划和就业指导工作，为学生提供高效优质的就业指导和信息服务，帮助学生树立正确的就业观念，引导毕业生到基层、到西部、到祖国最需要的地方建功立业 （八）指导学生党支部和班团组织建设，做好学生骨干的遴选、培养、激励工作，做好学生入党积极分子培养教育工作，做好学生党员发展和教育管理服务工作，指导开展主题党、团日等活动，参与学生业余党校、团校建设，讲授党课、团课 （九）组织、协调班主任、研究生导师、思想政治理论课教师和组织员等工作骨干共同做好经常性的思想政治工作，在学生中间开展形式多样、有针对性的教育活动 新增（十）努力学习思想政治教育的基本理论，运用理论分析、调查研究等方法开展思想政治教育工作的理论和实践研究

续表：

原规定	修订情况
第六条　高等学校总体上要按师生比不低于1：200的比例设置本、专科生一线专职辅导员岗位。辅导员的配备应专职为主、专兼结合，每个院（系）的每个年级应当设专职辅导员。每个班级都要配备一名兼职班主任	第六条　高等学校总体上要按师生比不低于1：200的比例设置本、专科生一线专职辅导员岗位。辅导员的配备应专职为主、专兼结合，每个院（系）的每个年级应当设专职辅导员，在核定的编制总额内全校专职辅导员数不得少于辅导员总数的70%。每个班级都要配备一名兼职班主任
第七条　高等学校可以根据实际情况按一定比例配备研究生辅导员，从事研究生思想政治教育工作。研究生专业导师在研究生思想政治教育工作方面要担负相应职责	第七条　高等学校应根据实际情况按一定比例配备研究生辅导员，从事研究生思想政治教育工作。研究生导师在研究生思想政治教育工作方面要担负首要责任人职责
第八条　辅导员选聘应当坚持如下标准： （二）具备本科以上学历，德才兼备，乐于奉献，潜心教书育人，热爱大学生思想政治教育事业 （三）具有相关的学科专业背景，具备较强的组织管理能力和语言、文字表达能力，接受过系统的上岗培训并取得合格证书	第八条　辅导员选聘应当坚持如下标准： （二）中国共产党党员，具备本科以上学历，德才兼备，乐于奉献，潜心教书育人，热爱大学生思想政治教育事业 （三）具有思想政治教育工作相关学科的宽口径知识储备，具备较强的组织管理能力和语言、文字表达能力，及教育引导能力、调查研究能力，接受过系统的上岗培训并取得合格证书 新增（四）注重在具有基层工作经验的青年人才中选拔辅导员
第九条　辅导员选聘工作要在高等学校党委统一领导下，采取组织推荐和公开招聘相结合的方式进行。高等学校组织、人事、学生工作部门和院（系）等相关单位按辅导员任职条件及笔试、面试考核等相关程序具体负责选聘工作	第九条　辅导员选聘工作要在高等学校党委统一领导下进行，由学生工作部门具体负责，组织、人事等相关部门共同参与。根据辅导员职业能力标准和实际岗位需要，确定辅导员选拔条件，通过组织推荐和公开招聘相结合的方式，经过笔试、面试、公示等相关程序进行选拔

续表：

原规定	修订情况
第十条　第一段：新聘任的青年专业教师，原则上要从事一定时间的辅导员、班主任工作	第十条　第一段：新聘任的青年专业教师，应该从事一定时间的辅导员、班主任工作，并与专业教师的职务（职称）评聘、相关考核挂钩
第十二条　高等学校应根据辅导员岗位基本职责、任职条件等要求，结合各校实际，制定辅导员评聘教师职务的具体条件，突出其从事学生工作的特点。辅导员评聘教师职务应坚持工作实绩、科学研究能力和研究成果相结合的原则，对于中级以下职务应侧重考察工作实绩	第十二条　高等学校应根据辅导员职业能力标准的要求，结合各校实际，制定专门的辅导员评聘教师职务的具体条件，单列指标，单独评审，突出其从事学生工作的特点。辅导员评聘教师职务应坚持工作实绩、科学研究能力和研究成果相结合的原则，对于中级以下职务应侧重考察工作实绩
第十七条　省、自治区、直辖市教育行政部门应当建立辅导员培训和研修基地，承担所在区域内高等学校辅导员的岗前培训、日常培训和骨干培训，对辅导员进行思想政治教育、时事政策、管理学、教育学、社会学和心理学以及就业指导、学生事务管理等方面的专业化辅导与培训，开展与辅导员工作相关的科学研究 各高校负责对本校辅导员的系统培训	第十七条　建立国家、省级和高校三级辅导员培训体系。教育部继续依托教育部高校辅导员培训和研修基地等单位开展全国高校辅导员示范培训。各省、自治区、直辖市教育行政部门应当设立辅导员培训专项经费，建立辅导员培训和研修基地，承担所在区域内高等学校辅导员的岗前培训、日常培训和骨干培训，确保每一名专职辅导员每5年参加1次国家级或省级培训 各高校负责对本校辅导员的系统培训，每年开展不少于4次的校级培训，积极选送辅导员参加校外培训 加强辅导员培训专业化建设，积极吸收国内外研究最新成果和大学生思想政治教育有益经验，建设贴近辅导员工作实际的课程体系和教材体系，建立全国性辅导员培训专家师资库

续表：

原规定	修订情况
第十八条　高等学校要积极选拔优秀辅导员参加国内国际交流、考察和进修深造。支持辅导员在做好大学生思想政治教育工作的基础上攻读相关专业学位，鼓励和支持专职辅导员成为思想政治教育工作方面的专门人才	第十八条　高等学校要积极选拔优秀辅导员参加国内国际交流、考察和进修深造。支持辅导员在做好大学生思想政治教育工作的基础上攻读相关专业学位，鼓励和支持专职辅导员立足本职岗位，走专业化发展道路，成为思想政治教育工作方面的专门人才
第二十条高等学校应把辅导员队伍作为后备干部培养和选拔的重要来源，根据工作需要，向校内管理工作岗位选派或向地方组织部门推荐	第二十条　高等学校应把辅导员队伍作为学校党政干部队伍的后备人才库，加强辅导员政治培养和基层实践锻炼，在保证学生工作队伍相对稳定、专业化水平不断提高的基础上，有计划地向校内管理工作岗位选派或向地方组织部门推荐优秀辅导员
第二十一条　第二段：学生工作部门是学校管理辅导员队伍的职能部门，要与院（系）共同做好辅导员管理工作。院（系）要对辅导员进行直接领导和管理	第二十一条　第二段：学生工作部门是学校管理辅导员队伍的职能部门，负责辅导员的招录、培养、培训和考核等工作，同时要与院（系）共同做好辅导员日常管理工作。院（系）要对辅导员进行直接领导和管理
第二十二条　各高等学校要制定辅导员工作考核的具体办法，健全辅导员队伍的考核体系。对辅导员的考核应由组织人事部门、学生工作部门、院（系）和学生共同参与。考核结果要与辅导员的职务聘任、奖惩、晋级等挂钩	第二十二条　各高等学校要根据辅导员职业能力标准，制定辅导员工作考核的具体办法，健全辅导员队伍的考核体系。对辅导员的考核应由学生工作部门牵头，组织人事部门、院（系）和学生共同参与。考核结果要与辅导员的职务聘任、奖惩、晋级等挂钩
第二十三条　教育部设立“全国高校优秀辅导员”称号，定期评选表彰优秀辅导员。各地教育部门和高等学校要将优秀辅导员表彰奖励纳入各级教师、教育工作者表彰奖励体系中，按一定比例评选，统一表彰	第二十三条　教育部在全国教育系统先进集体和先进个人表彰中对高校优秀辅导员进行表彰。各地教育部门和高等学校要将优秀辅导员表彰奖励纳入各级教师、教育工作者表彰奖励体系中

续表：

原规定	修订情况
第二十六条　本规定自2006年9月1日起施行。其他有关文件规定与本规定不一致的，以本规定为准	第二十六条　本规定自发布之日起施行。其他有关文件规定与本规定不一致的，以本规定为准

二、“立德树人”根本任务

（一）高等教育的本质是育人

长期以来，作为一种特殊社会实践活动的教育，是实现人发展的重要途径。高等教育便是教育环节中的一个重要阶段，其实质就是以育人为目标，让人获得成长并实现价值，通过教化让人获得知识的提升，实现文化的继承和个体的发展。

教育的本质虽然是育人，但是教育的目标却与一个国家发展的战略、社会现实和区域目标相结合。例如，《四书》之首《大学》开篇所讲的：“大学之道，在明明德，在亲民，在止于至善。”由此可见，中国古代教育强调德行、社会理想，追求善的最高价值。

高等教育发挥育人的本质，有效地促进人的全面发展，是需要不断探索的。在培养和促进大学生全面发展过程中，大学的教育理念和教师发挥着核心的决定性作用。辅导员是具有教师和管理干部的双重身份的，也是高等学校教师队伍和管理队伍的重要组成部分，更是将大学生在课堂上获得的理论知识转化为能力和素质的重要力量。因此，辅导员作为教师，在实践教育、能力训练、人格养成等方面，能够有效地衔接第一课堂和第二课堂教育，发挥着不可替代的重要作用。同时，辅导员作为管理干部，是连接师生、学生组织与校内外的纽带，发挥着上传下达、互动联通的作用，是开展协同育人的重要组织者和实施者。

辅导员队伍作为人的全面教育的综合实施者，在高等教育走内涵式发展道路的过程中起着重要的支撑作用。要求辅导员在开展德育教育、思想引领、职业教育、心理健康教育等方面，实施积极有效的育人工作，致力于做学生“思想的引导者、学业的指导者、生活的督导者和心理的辅导者”①。

① 应伟清．大类培养模式下的学园工作探索与实践［M］．杭州：浙江大学出版社，2014，第20页

（二）“立德树人”实现的路径

党的十八大提出“要把立德树人作为教育的根本任务”。所谓的“立德树人”，即要将社会主义核心价值体系融人国民教育体系之中，高校教育不仅要传授知识、培养能力，还要引导学生树立正确世界观、人生观、价值观、荣辱观。《纲要》明确指出，要有“坚持德育为先，坚持能力为重，坚持全面发展”的教育发展观，其中德育是教育的首要目标。党的十八届三中全会又进一步强调，要坚持立德树人，加强社会主义核心价值体系教育，增强学生社会责任感、创新精神和实践能力。这是对教育本质的回归，也是对高等教育质量和内涵发展的根本导引。基于主体间性理论，辅导员工作的路径系统可以简单概括为“引、助、聚、化”四个方面，四个方面辩证统一，循环往复，构成新型师生主体间性，促进学生的全面发展。（表7－6）

表7－6　“立德树人”实现的路径

实现路径	现实状况	工作要领
“引”：德育引领	第一，“引”的形式不到位是普遍问题。目前，将思想政治理论课等同于德育引领的偏误仍然存在，大学生未能在感同身受中学会思辨，更何谈外化行动，内化德性 第二，“引”不成体系是核心问题。高校还未能建立起德育引领体系，只是将德育工作只当作思政工作者的职责是大部分教职员工的观念，往往忽视职业道德、学术规范、行业操守、礼仪形象等都来自于平时教职员工的言传与身教 第三，“引”的目标不一致是根本问题。大学文化与大众文化在大学生德育引领上的矛盾，是“树人”目标不一致的集中体现 第四，“引”的力量无法凝聚是关键问题。德育引领的力量依赖于各教育主体共同凝聚，德育引领的环境要依靠各教育主体共同营造	一是，明确“引”的主要内容。从大学生在思想、道德、文化、发展等不同层面的实际需求出发，确立不同的引领内容 二是，养成“引”的思维习惯。辅导员要勤于思考，善于从日常生活中发现问题，锻炼自己的思辨能力 三是。用好“引”的工作平台。“引”的平台，既包括思想修养课、法律基础课等课堂教育平台，也包括网络、自媒体等网络思政平台等 四是，培育“引”的职业素能。引领型素能包括政治引领、道德引领和文化引领的能力

续表：

实现路径	现实状况	工作要领
“助”：助推梦想	第一，学生的主体作用发挥不够。学生主体意识被弱化，主体作用得不到发挥，主体间的互动、对话与共享造成障碍，系统性的教育交往被割裂 第二，高校的平台资源集聚不够。学生在实践活动中，受限制的内容和条件比较多，学生主动设计、主动参与、主动评价的平台和资源有限，学生的自主性发挥不够 第三，辅导员助推梦想的能力不足。一方面，辅导员没有从理念上摆正位置；另一方面，辅导员自身缺乏人文素养，文化品位、审美能力、视野认识受到一定局限，不能帮助学生主动发现美、认识美和创造美，很难挖掘出学生的兴趣所长与成长动力，丢失了向学生传递美的文化价值	一是，挖掘学生自身兴趣。从当前大学生个体发展的实际需求出发，辅导员帮助学生挖掘的兴趣，通过思维能力训练、领导力培养、口头表达沟通、团队合作意识培养等发现自己的特长、爱好和校区 二是，建构学生人生动力。首先要有积极的动因，其次要有执著的信念，再次要有吃苦耐劳的精神，最后要有充足的资源储备。辅导员要承担的任务就是为学生提供可供补给的资源，帮助学生学会科学补给的方法，让学生产生持续向上的积极动力 三是，确立学生主体地位。辅导员明确自己作为服务者和辅助者的身份，学会适时地退到幕后，让学生勇敢地走到台前，导演自己的人生舞台 四是，助推学生全面发展。辅导员要积极打造“助推”的外部条件和环境，不断增强自身的能力和水平，在力所能及范围内促进学生的全面发展

续表：

实现路径	现实状况	工作要领
“聚”：能量聚合	第一，“聚”得不够齐，是各方资源没有紧紧围绕学生全面发展的主题。当前高等教育在师资、教学水平、科研能力、硬件建设等方面都有了较好的发展基础，但在发展目标上没有统一的认识 第二，“聚”得不够紧，是教育主体与辅导员的联系不够紧密。一是，学生面对辅导员被动大于主动；二是，学生骨干面对辅导员被动大于主动；三是，班主任面对辅导员被动大于主动；四是，任课教师、导师面对辅导员被动大于主动	一是，有平台才能“聚”得齐。“聚”的工作要领不仅是要搭建一个资源汇聚的平台，还要保证教育信息在这个平台上能够共享 二是，有中心才能“聚”得紧。辅导员聚合型素能包含整合能力、沟通和应变能力、理解尊重学生的能力等 三是，有队伍才能“聚”出水平。辅导员要在“聚”的过程要充分发挥学生骨干队伍的作用
“化”：矛盾化和	“化”本身就是发现问题、解决问题的过程，因此在前三个环节中遇到的问题，都隐含了“化”的内容。而辅导员工作体系中的“化”讲求延伸性、衔接性，是一个开放系统，有信息从一端进入，就会有信息从另一端输出。简单地讲，就是“化”与其他三个环节的衔接问题	一是，“化”与“引”，即化解思想困惑的能力，能够化解来自“引”系统的矛盾与问题。当辅导员解决了学生思想上的难题，学生都需要一段时间去消化和吸收，辅导员也需要花点时间去总结和提炼 二是，“化”与“助”，即化解身心矛盾的能力。辅导员要特别处理好“化”和“助”的相互作用力。三是，“化”与“聚”，即化解发展困难的能力。首先辅导员要明确“聚”的工作往往会成为矛盾的综合体；其次，“聚”的工作效能就算再大也是有限度的；最后，要明白“聚”是讲求方式方法的

第七章　辅导员在学生工作中的作用发挥

第一节　高校辅导员队伍的发展空间拓展分析

一、高校辅导员队伍发展的拓展

（一）辅导员队伍建设应该走职业化的道路

根据目前的国家和国际形势来看，我国的高校辅导员队伍建设应该走一条职业化的队伍建设道路。为什么要走职业化的辅导员队伍建设道路呢，这主要是由当前复杂的政治、经济、文化的影响所引起的。对于大学生来说，他们在社会这个大环境下，无时无刻不受到各种各样的思想的影响，这些影响没有经过过滤就直接进入了学生的生活中，这些思想在一定程度上直接或者间接影响了大学生的思想观念和价值取向，所以，大学生的大学教育急切需要一支专门管理大学生的队伍，而辅导员的队伍建设就正好符合这一点，但是必须在现阶段努力提高辅导员队伍的职业化程度，以便迎接新时期高校思想政治工作的挑战，引导大学生树立正确的世界观、人生观和价值观。辅导员是大学生顺利毕业，成为祖国建设者和接班人的保证之一，他是大学教育教学中的不可缺少的有机组成部分，是保证大学生思想政治教育有序开展的中坚力量，同时，他也是大学生在校内学习和生活的管理者、服务者，他的存在和发展是保证大学生顺利毕业的有效保障。

辅导员队伍的职业化发展是辅导员未来发展的目标和导向，同时，职业化的建设也是保证辅导员队伍建设专业化和专家化的前提条件。一般情况来说，辅导员的职业化道路是如同一份普通的工作一样，有一群人长期的从事辅导员的工作，由于规模的扩大，以及相关部门的成立，并逐渐的建立了一些规章制度来保证组织的合理运行，随着组织的建立了，又出现了相关的培训机构。

职业化包括几个方面，这也是很多职业所涉及的方面，它包括素养、技能和行为规范。但是对于辅导员队伍职业化建设来说，它涉及的方面更细致，内容会更加的具体。首先，辅导员的队伍内部的成员不是随便就可以进入的，他们必须经过对辅导员工作和业务的相关培训才可以进入，否则，不能进入辅导员队伍中。其次，辅导员的队伍一定要明确他们的选拔、考核、任命、晋升的渠道和内容，一步步推进辅导员工作的资格认证制度，使辅导员的工作成为一份可以如同教师一样的终身职业，这一方面也保证了辅导员队伍的稳定性，同时也使得辅导员能够在工作上更加的有动力，使他们更加愿意付出和学习。再次，严格规范辅导员队伍的培训和学习，这里的培训和学习主要是根据学生的需要所设立的培训机构和培训内容，及时做到优胜劣汰，保证辅导员队伍的高效性和高能力性。最后，由于大学生的自身特点，辅导员在对大学生进行辅导的时候，难免会出现各种各样的问题，这就要求辅导员做好再学习和教育的准备，积极的学习关于辅导大学生学习和生活的各方面的知识和技能，这里涉及到大学生的心理问题、就业问题等。这都需要辅导员进行相应的学习。

（二）专业化的建设是辅导员队伍的工作保障

对于很多人来说，辅导员就是一个杂务工，什么活都要做，什么事都要管。辅导员工作职责的模糊性使得很多人和学校不能对辅导员的工作有一个准确的定位。对于普遍的高校的辅导员的工作来说，一般也就包括思想教育、学生生活和学习的管理、班级内部领导班子的管理、学生就业指导工作的管理，这就使得辅导员队伍工作的涉及面广，内容丰富。这些是辅导员的日常工作，也是必须的工作，但是对目前当的辅导员队伍来说，如何提高辅导员队伍的专业化程度，是当前高校思想政治工作中值得探讨的重要课题。

辅导员的专业化就是说辅导员的工作在一定的程度上面已经达到了一定的专业化的标准，辅导员的专业化是在职业化基础上的更进一步，同时也是辅导员工作走向专家化的铺垫。所谓的专业化，就是在一个领域内，形成一个固定的标准，工作的内部在机制管理、任务分配、人员构成上面都已经形成了一定的标准和规模。人员在工作的时候是各司其职的，每个人有每个人的工作。辅导员队伍的专业化主要涉及到以下几个方面。第一，辅导员的思维方面，辅导员的工作主要涉及到的就是对大学生进行的思想教育和引导，而对于大学生进行思想的教育，这是需要有一定的专业基础做铺垫的，不是谁随便就可以完成的，作为辅导员应该具有一定的心理学知识，而且还应该有一定的分析问题和解决问题的能力，能够从科学、合理的方向来做好大学生的心理工作。第二，辅导员应该具备一定的知识储备，辅导员的工作是教育与管理大学生的，他首先应该比大学生的知识丰富，作为辅导员队伍的建设者，辅导员应该具体的掌握一定量的理论思想，同时还应具有辅导员所具备的各学科的知识，以及管理技能和就业服务的知识。第三，辅导员除了掌握一定的知识，还应该具有教育教学的技巧和技能。辅导员应该提高自己的管理能力、领导能力、组织能力、创新能力、科研能力、解决问题的能力。在面对学生提出的各种问题和困难的时候，辅导员可以很开的通过自己的能力进行解决。

（三）辅导员队伍建设的最终目标是专家化

辅导员工作的核心是思想政治教育，而思想政治教育的主要目标是解决人的思想问题。思想包含的方面很广，这里涉及到大学生的理想信念、三观的培养、精神状态等问题。辅导员队伍的专家化建设就需要辅导员应该像一个思想家一样，有着广博的知识、高尚的思想，并且还要对学生的教育教学有着清楚的认知。作为辅导员能够合理的运用大学中的各个学科的知识，进行思想政治教育，这就要求辅导员具有一定的综合、分析、利用、处理问题的能力。为了提高辅导员的专家化能力，就必须按照全面的培养方法，多角度、多方面、多层次的开展辅导员培训的工作，使其成为思想政治教育工作中的一把手。

在高校中的辅导员，他们面对的是一个高等学府，身边是很多的知识丰富的学者，而且最重要的是他们要教育的对象是一批大学生，所以，作为辅导员，一定要首先有一批知识丰富、经验丰富、教学能力超强的学者专家来引领辅导员职业发展的方向，这一批专家学者要正在逐渐成长中的辅导员队伍开辟一条康庄大道，为他们的后续工作和学习打好基础。辅导员队伍建设的目标导向就是辅导员队伍专家化。

辅导员队伍建设的专家化是既辅导员队伍的职业化建设和专业化建设后的又一次深刻的推进，同时辅导员专家化也是职业化和专业化建设的终极目标。辅导员队伍的建设中对辅导员在专业知识、经验积累、教育教学的道德操守等方面的要求，都是为后续的辅导员专家化建设做铺垫。如果真想稳步的推进高校的辅导员队伍建设，首先就必须从规章和制度上为辅导员队伍的建设提供一个更加专业化的舞台，对辅导员进行系统的、专业化的培养，目的就是让每一位辅导员能培养出自己擅长的领域，专业的领域，并鼓励和支持他们把辅导员这份职业当作是一生奋斗的目标，而不是让辅导员觉得这份工作只是谋生的一种手段。为了从根本上解决了辅导员队伍建设的职业定位问题，我国教育界和政府应该努力的培养出一批专家型、学者型的辅导员队伍，保证他们在辅导员队伍中的领导地位。我国的各大高校如果想尽快的完善和建立一支高水准的辅导员队伍，就必须按照国家的有关辅导员队伍建设的政策要求，制定辅导员队伍建设规划，成立校内辅导员工作小组、建立辅导员培训机制、与各大高校携手建立联办相关学历培训学位班等多种途径，着力培养学习型辅导员团队。定期的对辅导员进行相关的专业知识的教育、心理学知识的培训、教育教学技能的培训、学生法律安全知识的培训、就业政策及就业服务能力和知识的培训等，从各个方面上保证辅导员队伍的专家性、专业性、专长性。

二、高校辅导员队伍的发展前景展望

随着辅导员工作的重要性的提高，我国的党和政府也加强了对辅导员队伍的的各种保障，这也为我国的辅导员队伍的持续壮大提供了政策保障。

（一）高校辅导员队伍得到来党和政府的高度重视

教育是关系国计民生的大事，也是我国政府和各界领导人一直关心的事情。大学生是我国社会主义事业的建设者和接班人，大学生的思想政治工作是关系着国家的长治久安。从我国近几年的国家领导指示中可以看出，党和国家领导人非常重视大学生的思想政治教育工作，非常重视高校辅导员队伍的建设问题，这在一定程度上面体现了党和国家对辅导员队伍的殷切希望。

首先，辅导员队伍成员的选聘、配备工作促进了辅导员队伍的合理构成。我国的有关教育文件指出，应该在高校的班级建设中加强对专职辅导员的配备率，增强辅导员在班级建设中的重要地位。除了在数量上的增多，班级建设中的辅导员的质量也应该不断提高，提高辅导员的工作能力和水，明确辅导员的选聘标准、选聘条件和选聘方式。国家出台的相关的辅导员的政策与规定，这在一定的程度上面保证了辅导员选聘工作的科学化和规范化，保证了辅导员的高素质和高能力。人才不断进入辅导员队伍，必将持续优化辅导员队伍的整体形象。

其次，对辅导员的培养和培训将推动辅导员队伍素质的提升。我国的有关教育文件明确了辅导员的培训规划和培训体系，鼓励和支持在思想政治教育方面的专业人员进行继续深造，鼓励他们向更深层次的方向发展。

最后，辅导员的综合管理工作中对考核制度的进一步明确规定促进辅导员队伍的全面发展。我国的相关文件表明，要不定期的对辅导员进行业务工作和能力的考核，规范考试制度，把考核结果与对辅导员的奖励和惩罚联系在一起，与辅导员的辞退和任命联系在一起。从我国当前的众多高校的管理制度中可以看出，辅导员的培训和考核已经初步形成了一定的体制，并且在各高校中也得到了顺利的开展。辅导员培训和考核制度的形成，既在一定的程度上面保证了辅导员思想政治教育工作的积极性，也在校园内部形成了和谐的工作氛围，为辅导员工作的全面发展提供了制度保障，从更深层次的方面来看，考核制度和培训制度的完善，还将进一步促进辅导员队伍向规范化和科学化的管理轨道上面发展。

（二）辅导员的思想政治教育工作受到社会各组织和成员的认同和尊重

辅导员作为大学生思想政治教育的管理者和服务者，他们在大学生的学校成长和未来社会的成长中起到了重要的作用，他们是学生人生道路中引导者和启迪者，所以，辅导员的身份和地位已经得到了充分的尊重和认可。辅导员对大学生的培养和管理的过程，也是对自身进行培养和管理的过程。

首先，在保障校园的和谐，维护社会稳定方面，辅导员的作用不容忽视。社会如果想长期和谐稳定的发展，就必须首先保证社会上面的大学这个普遍存在的社会组织的和谐稳定。随着经济的飞速发展，社会中难免会出现一些不良的社会现象，比如说党的政治作风不纯洁、官员的腐败现象、社会的分配不公等。这些因素都是造成社会治安状况恶化的不稳定因素，作为大学生，他们正处在社会的主流的漩涡中，必定会受到社会各种因素的影响，所以，作为大学生的辅导员应该适时的对大学生进行疏导和教育，保证他们远离不良社会因素的影响，保持他们思想的纯洁性，保证校园的和谐和稳定。除此之外，辅导员都是经过系统的学习和培训的，他们有高度的政治敏感度和政治思辨性，在加上自身专业的思想政治教育能力，这让他们在面对着国家重大决策或者突如出来的重大事件的时候，能够很好的表现出自己的解决问题的能力，在维护社会治安和社会的和谐稳定方面，起着重要的作用。

其次，辅导员是社会人才资源的后备军。我国一直在实行人才强国战略，无论是在义务教育阶段，还是高等教育阶段，人才的培养一直都是我国教育界关注的话题。从社会的角度来看，高校需要人才，企业需要人才，科研部门更需要人才。大学生是社会中一个普遍具有较高文化知识素养的群体，作为大学生的辅导员，他们同样具有较高的的综合素质，为了满足对大学生的教育需求，辅导员会从知识、学历和业务水平等方面不断地充实和提高自己，所以说，辅导员已成为社会中重要人才的有机组成部分，他们自身的知识和能力可以成为国家和社会发展的助推剂，他们的良好的形象已得到社会认同。

最后，对领导和干部的选拔、培养可以从辅导员队伍中进行。从我国现阶段的政府部门和企事业单位的人员的构成中可以看出，辅导员在其中的比例不在少数，他们在组织中有的成为了骨干人员、有的甚至担任了国家重要职务的领导。辅导员的具体的思想政治教育的管理和服务工作，使他们在基层中得到了足够的锻炼，思想比较成熟。办事能力渐强，这为他们从事不同的工作打下了坚实的基础。优秀辅导员的个人成长与发展的典型案例，在一定程度上表明了辅导员工作的未来发展前景，也将激励广大辅导员不断追求进步与发展。

（三）辅导员自身的存在特性决定了其具有良好的的发展空间

辅导员工作的具体方向就是做好大学生的思想政治教育工作，而大学生是祖国未来的建设者和接班人，他们思想的先进与落后直接决定了社会和国家未来的发展方向和程度，因此，辅导员的工作是一项具有重大意义的工作。纵观高校的辅导员队伍，基本表现出可持续发展状态，其自身综合素质的不断增强，使得辅导员职业具有更加广阔的发展前景。

首先，辅导员的思想状况和业务素质不断提高。辅导员都是具有了较高的思想觉悟，掌握了丰富的思想政治教育知识，具有一定的学生思想政治教育和管理的经验的人，他们基本上都是各专业的优秀毕业生，有些是从学生干部和党员选拔出来的，经过了系统的专业训练，工作能力很强。

近几年，随着国家和社会对辅导员工作的重视程度的加强，很多大学毕业生，甚至是硕士生、博士毕业生也都非常的愿意从事辅导员工作，于此同时，各大高校也为辅导员的知识学习、技能提高、经验累积创造了很多便利的条件。

其次，辅导员的工作有一定的长远发展特性。辅导员的工作内容和工作特性决定了其是一个能够培养人和提高人的岗位。辅导员工作不只是单纯的思想政治教育工作，它同样涉及到管理、服务、科研、创新、沟通等的工作，具体来说，辅导员的工作还需要辅导员具有随机应变的解决问题的能力、创新思维和开展工作的能力、正确的处理好上下级沟通与交流的能力，除此之外，还包括一定的写作能力、综合的协调管理能力等。因为，辅导员在日常的学校管理和服务中已经具有一定的工作经验，他们未来不管从事什么工作，都能较快适应环境并成长为用人单位的骨干力量。

最后，辅导员的工作具有长远发展的空间。辅导员工作的未来发展空间应该是巨大的。辅导员工作的职业化、专业化、专家化发展道路决定了他们发展步骤是一步步的在往正常、正规、有序的方向发展。这里所说的基本的发展路线是从专职辅导员工作的人员向科研和行政工作方向转变，由科研和行政方向在向各级政府机关单位转变，还有一些辅导员也可以通过继续深造获得学历的提升，这都表现了辅导员工作的良性的发展空间。

我国的教育部非常重视辅导员的队伍发展和建设问题，并出台了相关政策，加大了辅导员职业化与专业化发展的指导力度，对其发展创造了许多有利条件。由于政府和社会的各界的对辅导员队伍建设的重视程度的不断加强，在加上社会和经济的发展对高素质人才的需求，辅导员的队伍一定会具有广阔的发展潜力。辅导员工作是应该受到尊重的，辅导员的基本的需求应该得到满足，辅导员的工作经历是一种宝贵的人生体验，它对一个人的长远发展意义深远，我们应该重视辅导员的工作，保障其权益。高校辅导员也应该给自己一个准确的定位，不断地学习新的知识和技能，创新教育教学思维和方法，用服务的意识管理和培养学生，争取做到与校内各任课老师和领导一起担负起培养祖国的建设者和接班人的历史重任，为中国特色的社会主义现代化建设作出自己应有的贡献。

第二节　辅导员在学生日常管理中的作用

高校辅导员作为沟通学院和学生的桥梁，在大学生的人生中起关键性作用，随着复杂的社会发展形势，大学生的特征也越发缺乏共性，面对个性突出的青年学生，如何更好、更全面地开展学生工作就成了辅导员工作的难点。

一、以学习为基础，促进工作开展

学习是学生的主要任务，也是大学生生活的主旋律。而一些学生在进入大学后，在相对宽松的学习环境下整个人都松懈下来，整天无所事事，缺乏自治性、主动性和积极性，导致学习上懈怠、生活上懒散、精神上空虚消沉、自我要求降低、独立自主能力差等种种不良习惯给大学生管理工作带来很大的阻力。因此，对大学生的学习、生活习惯的培养要从入校时就抓起。

作为辅导员应该经常查课、听课，记考勤、定期开班会、讲评学习情况、进行考前纪律教育、考后及时总结等，促使学生重视学习，教育学生珍惜大学时光，任何时候都应该把学习放在首位，树立良好的学风。同时，指导学生做好大学期间的学业规划，学生有了目标，学习压倒一切的观点，动力有了，主动性就出来了。同时，要帮助学生树立自主学习、勤奋学习、全面学习和终身学习的信念，这将是他们在大学里所收获的毕生财富。

二、以班委为抓手，保障日常管理工作开展

在工作中突出“导”的作用是辅导员重要的工作方法之一。这里所指的“导”字，是特指“指导”、“引导”和“疏导”，这是一种和谐的、抛砖引玉的工作方法，目的是为了更加顺利地落实教育内容，在和谐、融洽的环境中让学生接受更多的教育，学习更多的知识。

大学生工作极其琐碎，凡是有关学生的事情，都属于辅导员的工作范畴。尤其是大学新生面对新的环境，会产生许多迷茫，甚至有些内向的学生会有无助的感觉。如果辅导员凡事都亲力亲为，工作效率很难提高，因此班干部队伍的培养

建设是至关重要的。辅导员根据“新生情况登记表”，内含学生的姓名、性别、民族、出生时间、政治面貌、个人兴趣、个人经历、入校的第一个愿望等等内容，通过这个表格的回收，可以从中挑出热情和积极性高的同学做学生负责人，选出学生心中的班委成员。但是，他们仍缺乏管理经验，通过长期考察，使他们不断地完善其工作方法，培养他们的集体意识，并使之真正成为辅导员的左右手。

三、以规律为指导，改善管理方法

随着复杂的社会发展形势，大学生的特征也越发缺乏共性，面对个性突出的青年学生，如何更好、更全面地开展学生工作就成了辅导员工作的难点。作为辅导员，不仅仅是要管理好学生，更重要的是要教育好他们，作为一个教育者，想要做好学生工作，我总结了以下几点工作方法：

（一）主动了解学生

要求辅导员要主动与学生们交流，建立各种与学生交流的平台和渠道。比如现在学生上网比较便利，可以随时通过手机飞信，班级 qq 群，email 等在网上直接交流，还有就是不少学生都上校内网和自己的微博，写下自己的想法和感受，辅导员可以加为他们的好友，随时能掌握学生的思想状态。长期地给予他们关怀，真正地进入他们的内心世界，了解他们的思想动态，与他们成为工作外真正的朋友。知己知彼，工作才会做得更好。

（二）做好“引导”工作

包括对学生个体或群体所进行的学习指导、生活引导、交往引导、人格引导、活动引导，等等。引导学生提高自我教育、自我管理的能力。自我教育，关键是要发挥好学生中党团组织、学生党员、团员的模范带头作用，积极引导广大同学奋发向上，健康成长。自我管理，主要体现在倡导良好的学习生活习惯，让学生能更深层次地管好自身的行为和思想，强化学生对学校管理的认同和支持，变被动接受管理为主动参与管理。比如，学校对学生的宿舍内务卫生要求特别严格，几乎可以用“一尘不染”来形容宿舍卫生标准，开始有些学生不理解，甚至是抵触情绪，经过“一屋不扫何以扫天下”、“你愿意住五星级标准的房间还是住在垃圾堆里”等一系列的引导，学生积极主动整理卫生，养成了良好的卫生习惯和井井有条的生活方式。

（三）转变工作观念

转变工作观念，由管理型向引导服务型转变。学生工作的核心是学生。因此，要想教育好学生，就必须要面向每个学生，做到尊重、关心、教育、引导好每一个学生，最大限度地满足每一个学生成长成才的需要。始终做到以学生之喜为喜，以学生之忧为忧，在服务中达到教育的效果。

（四）关注特殊群体

由于我国地区间经济发展水平不同和家庭经济收入的差距，高校中有相当数量的贫困大学生，他们普遍存在自卑感和孤独感，这就要关注贫困生的学习与生活，了解他们的生活和学习情况。对贫困学生进行帮扶，这是一项要求有爱心、耐心、细心、责任心、公平心、讲求方法的工作。认真做好贫困生评选、认定、补助工作和勤工助学岗位的安排，帮助他们树立正确的人生观、价值观和自信自强的观念。集中各方面力量，对困难同学进行帮扶，进一步完善互助工作，发挥同学们互助互爱的精神，相互促进，相互提高。

四、提升自身素质，改善管理质量

辅导员是做好高校学生工作的中坚力量，是学校学生管理工作的生力军。作为辅导员，其自身素质不仅关系到学院工作效率，也直接影响着学校的教育质量，同时对学生也具有巨大的影响。

首先，辅导员作为一名老师，要有良好的师德。辅导员自身要具备优良的品质，爱岗敬业，乐于奉献，工作勤奋努力，用自己的言行去感化学生，而不能动不动就三令五申，这样反而没有“行为传教”的效果好。

其次，辅导员要具备较高的政治思想素质。具有坚定的政治立场和基本的政治鉴别力，具有正确的道德准则和是非观念，具有强烈的团队精神，具有深厚的政治理论思想知识和一套系统的思想体系。只有这样，才能用正确坚定的思想去引导、教育学生。

再次，辅导员作为学院的工作人员，必须不断提高自身的业务能力。辅导员只有具备扎实的业务素质，才能得心应手地处理学生工作中出现的各种复杂问题。比如有的大学生一失恋就想要自杀，还有的偷窃同宿舍同学的财务等，这些突发事件一旦发生，辅导员必须第一时间进行适当处理，以避免事态恶化。因此，辅导员要根据新形势努力提高自身的各项工作能力。

高校辅导员在对大学生的日常管理中，坚持“一切为了学生，为了一切学生，为了学生的一切”的服务理念，不断提高自身业务能力，做到既是学生的良师又是学生的益友。

第三节　辅导员在学生心理健康教育中的作用

一、当代大学生心理健康的主要表现

大学生的普遍年龄一般在 18 ~ 25 岁之间，从心理学的观点来看，正处于青年初期。大学生的心理具有青年中期的许多特点，. 但作为一个特殊群体，大学生又不能完全等同于社会上的青年。心理是否健康一般采用量表测量，其标准不是固定不变的。心理健康标准随着时代变迁、文化背景变化而变化，这里根据我国大学生的实际情况，总结了当代大学生应该表现出来的心理状态。

（一）自我克制，情绪稳定

其标志是情绪稳定和心情愉快，包括的内容有：愉快情绪多于负面性绪、乐观开朗、富有朝气，对生活充满希望；情绪较稳定，善于控制与调节自己的情绪，既能克制又能合理宣泄自己的情绪，情绪的表达既符合社会的要求又符合自身的需要，在不同的时间和场合有恰如其分的情绪表达；情绪反应与环境相适应，反应的强度与引起这种情境相符合。

（二）人格健全，积极乐观

人格是个体比较稳定的心理特征的总和。人格完善就是指有健全统一的人格，个人的所想、所说、所做都是协调一致的。人格完善包括人格结构的各要素完整统一，要具有正确的自我意识，不产生自我同一性混乱，以积极进取的人生观作为人格的核心，并以此为中心把自己的需要、目标和行动统一起来。

（三）意志坚强，无所畏惧

意志是人在完成一种有目的的活动时进行的选择、决定与执行的心理过程。意志健全者在行动的自觉性、果断性、顽强性和自制力等方面都表现出较高的水平。意志健全的大学生在各种活动中都有自觉的目的性，能适时地做出决定并运用切实有准备的方式解决所遇到的问题，在困难和挫折面前，能采取合理的反应方式，能在行动中控制情绪，而不是行动盲目、畏惧困难、顽固执拗。

（四）自信乐观，理性自评

自我意识是人格的核心，指人对自己以及自己与周围世界关系的认识和体验。人贵有自知之明。心理健康的学生了解自己，接受自己，自我评价客观，既不妄自尊大而做力所不能及的工作，也不妄自菲薄而甘愿放弃可能发展的一切机会。自信乐观，生活目标与理想切合实际，不苛求自己，能扬长避短。

（五）宽厚待人，乐于交际

良好而深厚的人际关系，是事业成功与生活幸福的前提，其表现为：乐于与人交往，既有广泛而深厚的人际关系，又有知心朋友；在交往中保持独立而完整的人格，有自知之明，不卑不亢；能客观评价别人和自己，善于取人之长补己之短，宽以待人，乐于助人，交往的积极态度多于消极态度，交往动机端正。

（六）朝气蓬勃，善于学习

在人的生命发展的不同年龄阶段，都有相对应的不同的心理行为表现，从而形成不同年龄阶段心理行为模式。大学生应具有与年龄和角色相应的心理行为特征。心理健康的大学生精力充沛、思维敏捷、情感活跃，与之相适应，行为上应该表现为热情洋溢、生龙活虎、反应敏捷、勇于探索、勤学好问。如果出现那种所谓的“少年老成”、萎靡不振、喜怒无常，或过于幼稚、过于依赖等现象，都是心理不健康的表现。总之，若心理和行为经常严重的偏离自己所属的年龄特征，则有可能是心理不健康的表现。

正常的才智者具有一定的学习能力，能有限度地发挥自己的才能与兴趣爱好。现代社会知识更新很快，为了适应新的形势，就必须不断学习新的东西，使生活和工作能得心应手，少走弯路，以取得更多的成功。人的才能和兴趣爱好应该充分发挥出来，但不能妨碍他人利益，不能损害团体利益；否则，会引起人际纠纷，徒增烦恼，无益于身心健康。

二、心理健康的衡量标准

心理健康是从人的“健康”内涵中扩展和升华出来的现代文明概念。传统概念仅把“健康”理解为躯体健康，这是不全面的。现代健康的价值标准与传统健康的价值标准相比，有了很大的发展。

（一）国外学者提出的标准

心理健康标准说来简单，其实是一个非常复杂的问题。出于不同的理论背景与方法论角度，关于心理健康的标准，学术界众说纷纭，仁者见仁，智者见智，主要有以下几种：

（1）马斯洛和密特尔曼提出的标准

20世纪50年代，美国心理学家马斯洛和密特尔曼（H. A. Maslow&Mittelman）提出了十条心理健康的标准：

①是否有充分的安全感；

②是否对自己有充分的了解，并能恰当地评价自己的能力；

③自己的生活理想和目标能否切合实际；

④能否与周围的环境保持良好的接触；

⑤能否保持自身人格的完整与和谐；

⑥能否具备从经验中学习的能力；

⑦能否保持适当和良好的人际关系；

⑧能否适度表达和控制自己的情绪；

⑨能否在集体允许的前提下，有限度地发挥自己的个性；

⑩能否在社会规范的范围内，适度地满足个人的基本需要。

（2）斯柯特提出的标准

1968 年，斯柯特（Scott）也提出了关于心理健康的十条标准：

①一般的适应能力：适应性、灵活性，把握环境的能力，适应和应付变化多端的世界的能力，阐明目的并完成目的的能力，成功的行为，顺利改变行为的能力。

②自我满足的能力：生殖性欲（获得性感高潮的能力），适度满足个人需要，对日常生活感到乐趣，行为的自然性，放松片刻的感觉。

③人际间各种角色的扮演：完成个人社会角色，行为与角色一致，社会关系适应，行为受社会的赞同，与他人相处的能力，参与社会活动，利用切合实际的帮助，托付他人，社会责任，稳定的职业，工作和爱的能力。

④智慧能力：知觉的准确性，心理功能的有效性，认知的适当、机智、合理性，接触现实，解决问题的能力、智力，对人类经验的广泛了解和深刻的理解。

⑤对他人的积极态度：利他主义，关心他人，信任、喜欢他人，待人热情，与人亲密的能力，情感移入。

⑥创造性：对社会的贡献，主动精神。

⑦自主性：情感的独立性，同一性，自力更生，一定的超然。

⑧完全成熟：自我实现，个人成长，人生哲学的形成，在相反力量之间得以均衡，成熟的而不是自相矛盾的动机，自我利用，具备把握冲动、能量和冲突的综合能力，保持一致性，完整的复杂层次，成熟。

⑨对自己的有利态度：控制感，任务完成的满足，自我接受、自我认可，自尊，面对困难，解决问题充满信心，积极的自我形象，自由和自决感，摆脱了自卑感，幸福感。

⑩情绪与动机的控制：对挫折的耐受性，把握焦虑的能力，道德，勇气，自制力，对紧张的抵抗，道义，良心，自我的力量，诚实，清廉正直。

（二）国内学者提出的心理健康标准

（1）许又新提出的标准

我国许又新提出心理健康可以用以下三类标准（或从三个维度）去衡量。

①体验标准：是指个人的主观体验和内心世界的状况，主要包括是否有良好的心情和恰当的自我评价等。

②操作标准：是指通过观察、实验和测验等方法考察心理活动的过程和效应，其核心是效率，主要包括个人心理活动的效率以及个人的社会效率和社会功能，如 = 工作、学习效率高低，人际关系是否和谐等。

③发展标准：是指着重对人的个体心理发展状况进行纵向考察与分析。

（2）颜世富提出的标准

颜世富根据自己的研究，提出以下 10 条衡量心理健康的标准：

①智力正常；

②有安全感；

③情绪稳定，心情愉快；

④意志健全；

⑤对自己有充分的了解，并做出恰当的评价；

⑥适应能力强；

⑦能够面对现实，乐于工作、学习、社交；

⑧人际关系和谐；

⑨人格完整和谐；

⑩睡眠正常；

（3）郭念锋教授提出的标准

郭念锋教授在《临床心理学概论》一书中提出了以下评估心理健康水平的十个标准。

①心理活动强度；

②心理活动耐受力；

③周期节律性；

④意识水平；

⑤暗示性；

⑥康复能力；

⑦心理自控力；

⑧自信心；

⑨社会交往；

⑩环境适应能力。

（三）心理健康的一般标准

造成不同的人对心理健康标准产生不同的看法的原因主要有以下三个方面：

一是不同的人有不同的依据来确立心理健康标准。通常人们采用的依据有统计常模、社会规范、生活适应、心理成熟状况、主观感受。

二是在对健康进行描述时不同的人所关注的焦点不同。如有人强调积极自我概念，有人强调良好习惯；有人重视生活适应状况。

三是不同的人对心理健康标准把握的尺度宽严是不相同的。如马斯洛提出的心理健康标准，他是从世界近代史上38位成功名人的人生历程中归纳出来的，说得上是一种尺度精英标准；但在精神科医师的眼中，凡无心理症状的人都被视为心理健康的人，这则是一种最宽的、低水平的临界标准。还有许多学者以人格各个准度的量值在总体平均数附近、统计学上占大多数的人的主要行为特征作为心理健康的标准，这个可以称为众数标准。

通过上文对国内外心理健康标准的阐述，可以看出，虽然世上不可能有适用于任何人的任何心境的心理健康标准，但人们仍在不断探究，总结出如下心理健康的一般标准：

（1）充分的安全感；

（2）了解自己、并对自己的能力进行适当的评价；

（3）生活的目标能切合实际；

（4）与现实环境保持接触；

（5）能保持人格的完整与和谐；

（6）具有从经验中学习的能力；

（7）能保持良好的人际关系；

（8）适度的情绪表达及控制；

（9）在不违背团体的要求下，能做有限度的个体发挥；

（10）在不违背社会规范的情况下，对个人的基本需求能适当地满足。

三、辅导员在学生心理健康教育中的作用发挥

（一）学习大学生心理健康教育心理学知识

作为高校辅导员一定要牢固掌握心理学的基本理论知识，具备心理教育的方法和手段，接受心理健康辅导方面的培训工作，熟悉心理学的基本原理，在此基础上，多学习一些心理学方面的知识，如定势效应、近因效应等都是心理学方面

的知识，将学到的理论知识应用到具体工作。不仅如此，高校辅导员还要了解学生的个体差异，如兴趣、爱好和气质等方面的差异，不同的个性差异，心理特征也是不同的。如此，辅导员结合不同的问题作出应的反应，确保思想教育和心理疏导，加强针对性。

高校辅导员如果做好大学生心理健康教育工作，前提是清楚大学生所具有的心理特征、心理所处的状态及以何种方式开展心理健康教育等，紧接着考虑大学生心理所具有的实际情况，采用合理的方法进行引导和沟通。因此作为一名高校辅导员一定要不断学习心理健康教育相关的知识，通过总结，

形成自己的经验，确保能够对学生出现的心理障碍进行分析，找到合适的解决对策，解决学生存在的心理健康教育问题。

（二）建立行之有效心理健康教育模式

根据当前大学生身心发展的特征，构建心理健康教育模式，确保大学生各方面全面协调健康发展，是高校心理健康教育需要担负的职责。辅导员是高校思想政治工作开展的前沿工作者，在高校内部实施心理健康教育，要致力于建立“课堂授课、指导资源和群体扶持”的校园教育模式。

通过开设心理健康教育课程的方式，突出心理健康教育课堂教育工作的重要性，让学生了解并掌握心理健康发展的规律，具备相应的心理健康教育知识，促使大学生心理朝向良性发展：开展丰富多彩的、融乐于教的音乐活动，推进心理健康教育工作。培养学生的综合能力，让学生全面发展；以心理健康教育和心理疏导的方式解决学生出现的困惑，同时配合使用心理干预的方式，筹备好安全工作，时刻关注学生安全，为学生营造健康成长的环境，研究学生心理，适时把控学生心理状态和特征，工作的开展突出针对性，付诸实效，借助开展“心理互助”的活动。

（三）结合学生心理状况，把心理教育落实到实处

有针对性地做好学生心理健康教育工作：服务是根本，管理配合服务，思想问题和实际问题的解决相联系。树立以人为本的理念，结合学生个性特征，相应开展心理健康教育。

大学生步入校园前，高校借助科学的心理测量工具，调查他们的心理健康状况，构建心理档案，尽早发现心理问题学生，解决学生存在的心理问题，对一些心理健康严重的学生，进行一对一的访谈，在访谈的基础上，提供合理有效的心理干预，实施心理健康教育的动态管理。辅导员要_ i几动关心学生，提供帮助，做学生的坚强后盾，帮助和支持他们，准确及时了解、角罕决学生面临的问题，

这对学生的成长有益。

对毕业生来说，重要的问题是就业，面临就业的学生产生了很大的心理压力。在现实，因为抑郁、焦虑、空虚，大学生会出现一定层面的心理问题和心理障碍，身体和心理素质都会遭受不利影响。因此，我们一定要强化就业指导，增强就业信息的顺畅性，指导他们在国家建设和实现自己的理想，找到一个平衡点。事实上，低年级的学生会也会有意识地关注和就业方面有关的问题，考虑到未来的就业，我们要尽快做出合理的规划。

在平时的学习和工作中，贫困学生呈现出高水平的抑郁倾向与人际敏感，是大学生心理健康教育的重要构成部分之一。首先，针对贫困学生，我们应增强进行心理健康教育与心理疏导。通过学习心理健康教育课程及听讲座讲等方式让学生了解心理健康知识，有助于了解他们的心理特点，把握有效的处置手段，形成良好的自我调适能力，逐步提升抵抗困难与挫折的能力，提高心理健康质量。其次，致力于搞好“奖、贷、助”等工作，消除贫困学生心，的忧虑。不仅如此，辅导员应重视创设互帮互助的、能动的班集体环境，让贫困学生感受班集体的美好，体会老师和同学们的照顾与互助，遇到困难挫折时，完整的社会支持体系会让学生以积极的心态应对问题的解决。

第四节　辅导员在学生职业生涯规划中的作用

一、大学生职业生涯规划

（一）职业生涯

无论是职业能力的获得、职业兴趣的培养、选择职业、就职还是退出职业劳都属于广义的职业生涯规划，它包含了完整的职业发展过程。狭义的职业生涯是指从踏人社会、从事工作之前职业训练或职业学习开始直至职业劳动最终结束、离开工作岗位为止。广义的或狭义的职业生涯因考虑的角度不同，自然有各自的道理。但是，职业生涯有其基本的含义。

（1）职业生涯是个体的行为经历，而非群体或组织的行为经历。

（2）职业生涯的实质是一个人一生的工作经历。从这个角度来说，职业生涯从人们正式开始从事自己的职业之前就已经开始了，职业生涯的起点要要追溯到的人们的职业欲望和职业培训。实际的职业生涯期在不同的人身上期限的长短是不一样的。

（3）职业生涯是个包含着具体职业内容的发展概念、动态概念。职业生涯不仅表示职业工作时间的长短，而且内含职业发展、变更的经历和过程，包括从事何种职业工作、职业发展的阶段、由一种职业向另一种职业的转换等具体内容。美国职业生涯理论专家萨珀说，“生涯”是生活里各种事件的方向；它统合了个人一生中各种职业和生涯的角色，由此表现个人独特的自我发展形势；它也是人生自青春期至退休所有有酬或无酬职位的综合，除了职位以外，还包括与工作有关的各种角色。因此，一个人从职业学习开始到职业劳动最后结束的这一个旅程就是职业生涯。

（二）职业生涯的特性

（1）独特性。每个人都有自己独特的职业和个人特点，不同的人选择不同的职业，每个人都应该为实现自己的职业理想所做的种种不同努力，从而有着与别人相区别的、独特的职业生涯历程。

（2）发展性。每一个人的职业生涯都是一种发展、演进的动态过程。就整体而言，职业生涯是一个具有一定逻辑性的过程。

（3）阶段性。每个人的职业发展过程都不尽相同，精力的发展阶段也有很大的差异，因为职业生涯的发展并不像我们想象会一帆风顺的发展，实际上在人们的职业生涯会受到多要素的影响，导致各自所处的职业发展阶段不相同。

（4）终身性。每个人的职业生涯作为一种动态发展的历程，是根据个人在不同阶段的企求而不断蜕变与成长的，直至终身。“老骥伏枥，志在千里”，正反映了人生晚期在职业生涯方面的英雄气概。

（5）整合性。由于个人所从事的工作或职业，往往会决定他的生活状态，而且职业与生活两者之间又很难区别，因此，职业生涯应具有整合性，涵盖人生整体发展的各个层面，而非仅仅局限于工作或职位。

（6）互动性。人的职业生涯是人的职业生涯是个人与他人、个人与环境、个人与社会互动的结果。人的“自我”观念，人的主观能动性，个人所掌握的社会职业信息、所掌握的职业决策技术，对于其职业生涯有着重要的影响。

（三）个人职业生涯规划

个人职业生涯规划也被称为个人职业设计，个人职业生涯的规划过程中我们要科学认识和理解这一概念，才能更好地对自己的职业生涯规划进行规划，实现自己的职业理想和人生理想。个人职业生涯规划与组织（企业）的职业生涯管理设计不同，后者是由组织（企业）的人力资源管理部门根据组织发展需要而采取的一种现代管理工具，用以了解员工、激励员工从而发掘、留用优秀人才，其根本目的是为了组织（企业）的发展。个人职业生涯规划是个人的一种主动行为，它是指一个人对其各阶段所从事的工作、职务或职业道路进行的设计和规划。人的职业生涯规划从现实实践的角度来说，只有从目标、过程、方法等角度对其作出科学合理的安排才能得得到更好的发展。个人职业生涯规划也要了解和掌握组织方面的职业生涯设计、职业标准和要求。初次的就业，通过“双向选择”，个人与单位各自有自己的标准和要求，若双方适合，就意味着就业成功。这时，个人职业生涯规划和组织职业设计是统一的，是最理想的结果。在个人职业生涯规划中，前者是更为主要的，因为它是人的职业生涯发展的真正动力。个人职业生涯规划包含了人的职业发展的整个过程，从前期的专业选择和职业方向的确立，到职业生涯规划的发展、调整都是属于个人的职业生涯规划。

按照职业生涯发展的时间进度，我们可以将职业生涯分为四个不同的类型：短期规划、中期规划、长期规划和人生规划，每种规划都有自己的鲜明的特点，只有充分发挥这些职业规划的作用，调整好不同类型职业生涯规划之间的关系才能更好的促进人们的职业生涯的发展。

（1）短期规划。短期规划的期限不超过两年，主要是指近期职业发展需要实现的目标。如计划2年内熟悉新公司规则，融和到企业文化中，为此要花较多的时间与同事、领导沟通，向周围人学习。

（2）中期规划。中期的规划一般来说时长为2～5年，这一阶段我们应该有更高的追求和目标，是职业发展第二阶段的规划。例如3年后要成为部门经理，完成相应的业绩，以及为实现此目标而参加的培训等可采取的具体措施。

（3）长期规划。长期规划一般指5～10年的规划，需要设定长远的发展目标，并以此为激励提高自己工作的积极性和主动性，激励自己在工作中付出更多。如规划35岁时成为分公司副总经理，掌握更大的权力，以及为实现此目标应采取的具体措施。

（4）人生规划。人生规划是指整个职业生涯的规则和计划，人生规划的时间很长，长至40年左右，设定整个人生的发展目标和阶梯。从字面上看，个人职业生涯规划从短期到中期，再到长期，直至整个人生规划，如同将要拾级而上的台阶，一步步发展。但在实际操作中，跨度时间太长的规划由于环境、个人的变化性而难以把握；而时间跨度太短的规划又没有多大意义，所以，一般我们提倡个人职业生涯规划掌握在2～5年内比较好。这样才能根据实际情况设定相应的目标和计划，也能帮助我们更好的调整个人计划。

理解个人职业生涯规划时，还要注意职业生涯规划的两大特性：个性化和开放性。

第一，职业生涯规划的个性化特征。前面我们已经提到，个人职业生涯的规划是由自己制定，自己是个人职业生涯的规划者和领导者。从马斯洛的人生需求理论中，我们已经认识到发展的动力源泉在于个人自身。每个人的成长环境、文化背景、个性类型、文化资本构成、价值观、能力、职业生涯目标、对成功评价的标准等不尽相同，所以不同的人对自己的职业生涯规划也不相同。因此，个人职业生涯规划是个性化的发展蓝图。组织和企业不能把既定的职业生涯规划强加在个人身上，别人，无论是单位的领导还是父母朋友，也无法替我们做规划。从这个意义上来说，个人职业生涯的规划和发展并没有固定的套路和模式，我们必须根据自己的情况对其细细进行斟酌。

第二，职业生涯规划的开放性特征。个人职业生涯的规划不是空泛的想象，必须要有一定的依据和认知。虽然说，大多数嘶吼我们要有“走自己的路，让别人说去吧”的精神，但也不能无视社会、企业环境和他人的影响。毕竟人是社会的一员，如果个人制定自己的职业生涯规划时，只从个人愿望出发，而不考虑社会和企业环境的需求与发展趋势，也不考虑过来人的忠告，只一味闭门造车，别说规划目标无法实现，单就执行规划中可能遇到的那种强烈挫折感都会使人沮丧不已。一份有效的职业生涯规划必须是在对主客观环境审时度势的基础上，广泛听取领导、同事、家人以及职业顾问的意见之后制定出来的。在不断变化的社会背景下，我们必须要根据实际情况对自己的职业生涯规划进行调整，只有这样才能更好地适应当今社会的发展。

二、辅导员在大学生职业生涯规划中的作用

（一）辅导员能最大限度地唤醒学生职业生涯规划意识

职业生涯规划使得学生本人自接参与自己人生目标的设计，他们会更加自觉和更加充分的利用相关教育资源。大学生涉世小深，和和是从辅导员那里认识和了解社会的。辅导员作为大学生的人生导师，用自己的知识、经验

和感悟辅导学生，教学生做人和做事，对大学生开展行之有效的职业规划教育，帮助他们做好自己的职业规划，这关系到大学生的成长成才，影响深远，意义重大。思想上开放化、态度上人性化、能力上专业化，方法上多样化、因材施教型的辅导员能与学生建立和谐向上的师生关系，充分利用学生具有天然的“向师性”的特点，从而产生了强大的教育介力。学生如果开始关心自己的成长和未来的发展，才会主动进行生涯规划，才能积极规划自我，才能在规划的指导下逐步走向成功，因此，帮助学生深化“自我”理念的认识和加强学生经营自我理念的观念，显得尤为重要。

职业是具有强烈的工作自主性和享受快乐的生命历程。辅导员可以在同学生的交流互动中引导学生加强对生命的紧迫感认识，重新设定人生的目标，感知生命的意义。使学生山“要我学”变成“我要学”。

（二）辅导员能端正学生对“内职业生涯规划”的认识

内职业生涯是从事一种职业时的知识、观念、经验、能力、心理素质、身体健康、内心感受等因素的组介及其变化过程。小同的个性，适介小同的职业。职业生涯规划具有明显的个人化特征，小同的个体其职业生涯规划有差异。自我认识是职业生涯规划中的第一步，也是关键性的基础工作，包括自己的兴趣、爱好与特长、性格、能力、价值观、个人目标与需求、个人生理与健康情况、工作经验、社会阶层与教育水准、性别、年龄、负担状况、学识、技能、智商、情商、思维方式等等。辅导员与大学生接触最频繁，对大学生个体的了解也最自接。根据每位同学的实际情况，启发学生职业梦想，帮助学生对“内职业生涯规划”的认识，参与学生的职业生涯规划制定，做好大学生职业规划的参谋，并因人而异地提出个性化的指导意见。帮助学生端正学习态度，树立远大理想，制定职业规划，明确职业生涯每一个阶段的奋斗月标和实现所有目标的具体措施—构建介理的知识结构，为实现职业生涯目标作好准备。现在高校普遍推行学分制，学生在选课时有了较大的自主权。大学生要学会将课程进行科学地组介，最大限度地发挥知识的整体效能，做到个人兴趣与社会需要相结介、广博与精深相结介、理论与实践相结介，同时注意加强语言能力和计算机能力的学习和提高，以适应社会需求。总之，如果职业规划指导小结介大学生的个性，为求简便而使用统一模式指导，必然使职业规划流于形式，也必然没有实效。

（三）辅导员能引导学生职业生涯规划的健康发展

职业生涯规划一般包括职业生涯诊断、确定职业目标、环境分析、确定职业定位、制定行动方案、评估与调整六个方而的内容。职业生涯规划不是一经设计就一成不变的。大学生应随着自身年龄的增长和社会需求的变化，随时调整职业生涯规划，所设定的职业生涯目标需要在就业以后得到评估和修正。辅导员引导大学生及时诊断职业规划中出现的问题，找出相应的对策，对规划进行调整和完善，持续进行动态评价。大学生职业生涯规划最终是使学生全而发展，因此辅导员在帮助学生设计生涯的同时，开展第二课堂活动，构建多方位、多层次的学生发展平台，如大学生职业生涯设计比赛、大学生艺术节、大学生科技节、素质拓展训练、职业角色扮演、模拟招聘和职业心理测评与咨询等。通过这些活动的开展，小仅为学生的成长和发展提供空间，而且也使学生充分认识自我，客观分析环境，树立科学目标，提高心理承受能力、提高综介能力，从而提高自我素质，使自己所学的知识和技能真正满足职业岗位的实际需要。并积极引导学生利用课余时间以及寒暑假进入企业，深入了解企业的工作方式、运行机制、对大学生的要求等，加深对职业和职业生涯规划的理解。并学会根据社会的需求和内外环境的变化及时修正自己的职业生涯目标，最大程度地发挥大学生职业规划的主观能动性。

参考文献

［1］马克思恩格斯选集：第1～4卷［M］. 北京：人民出版社，1995.

［2］马列著作选读：哲学［M］. 北京：人民出版社，1988.

［3］毛泽东选集：第1～4卷［M］. 北京：人民出版社，1991.

［4］邓小平·邓小平文选（第二卷）［M］. 北京：人民出版社，1994.

［5］江泽民文选：第1～3卷［M］. 北京：人民出版社，2006.

［6］教育部思想政治工作司组编. 加强和改进大学生思想政治教育重要文献选编（1978～2008）［M］. 北京：中国人民大学出版社，2008.

［7］［德］马克斯·韦伯. 经济与社会（上卷）［M］. 林荣远，译. 北京：商务印书馆，1997.

［8］David Warner&David Paffreyman. Higher Education Management：the Key Elements. England：Open University Press，1996：172.

［9］Linda Campbell，Bruce Campbell，Dee Dickinson. 多元智能教与学的策略［M］. 北京：中国轻工业出版社，2001.

［10］柏杨. 高校辅导员队伍发展的现实问题及对策研究［J］. 学校党建与思想教育，2012.

［11］步德胜. 增强高校辅导员工作实效研究［D］. 西南大学，2007.

［12］冯刚，等. 辅导员队伍专业化建设理论与实务［M］. 北京：中国人民大学出版社，2010.

［13］冯刚. 论辅导员的专业化培养和职业化发展［J］. 思想教育研究，2007.

［14］付亚和，许玉林. 绩效考核与绩效管理［M］. 北京：电子工业出版社，2010.

［15］伽达默尔. 真理与方法［M］. 上海：上海译文出版社，200.

［16］胡范坤. 高校辅导员队伍建设实践创新研究［D］. 东北师范大学，2014.

[17] 胡金波，高校辅导员职业化发展研究［M］. 苏州大学出版社，2010.

[18] 黄天中. 生涯规划——理论与实践［M］. 北京：高等教育出版社. 2007.

[19] 李晓娟. 高校辅导员工作学基本问题研究［D］. 西南大学，2012.

[20] 李忠军. 以职业能力建设为核心推动高校辅导员队伍专业化发展［J］. 思想理论教育，2014.

[21] 刘保存. 牛津大学办学理念探析［J］. 比较教育研究，2004.

[22] 刘海春. 高校辅导员职业生涯发展教程［M］. 北京：人民出版社. 2009.

[23] 刘星华. 对老解放区教育工作的一些体会//人民教育社编——老解放区教育工作经验片段［M］. 上海：上海教育出版社，1960.

[24] 卢现祥. 西方新制度经济学［M］. 北京：中国发展出版社，2003，第98页

[25] 马援. 高校学生工作泛化及对策研究［J］. 扬州大学学报. 高教研究版，2005.

[26] 丘进，卢黎歌等. 机制·创新·长效——高校辅导员队伍建设研究［M］. 西安：西安交通大学出版社，2012.

[27] 屈家安，等. 高校辅导员队伍建设现状、成因及对策［J］. 高教高职研究，2008.

[28] 石书臣. 现代思想政治教育主导性研究［M］. 上海：学林出版社，2004.

[29] 史慧明. 高校辅导员职业伦理研究［D］. 南京师范大学，2012.

[30] 陶行知. 陶行知全集（第1～2卷）［M］. 长沙：湖南教育出版社，1984.

[31] 王昌华等主编. 政治辅导员工作概论［M］. 哈尔滨：黑龙江人民出版社，1988.

[32] 王传中，朱伟. 辅导员工作指南［M］. 武昌：武汉大学出版社，2009.

[33] 王蕾，吴麒麟. 历史使命语境下的高校辅导员职业化解读［J］. 学校党建与思想教育，2009.

[34] 王平心，殷俊明. 高等院校内部绩效评价研究［M］. 北京：科学出版社，2010.

[35] 吴巧慧，王树荫．高校辅导员制度建设的历史进程与基本经验述评［J］．思想理论教育导刊，2013.

[36] 夏晓红．从英国导师制看我国高校辅导员队伍建设［J］．思想教育研究，2008.

[37] 张书明．高校辅导员队伍建设［M］．泰山出版社，2010.

[38] 张耀灿等．现代思想政治教育学［M］．北京：人民出版社，2006.

[39] 赵宏．辅导员专业化发展的伦理困境及其应对——基于辅导员主体性视角．西南科技大学学报．哲学社会科学版，2014.

[40] 赵庆典．努力建立大学生思想政治教育的组织保证和长效机制——高校辅导员、班主任队伍建设情况调研报告［J］．国家教育行政学院学报，2006.

[41] 朱璐．中国特色高校辅导员制度的历史演进与发展思路［D］．河北师范大学硕士学位论文，2011.